KB162319

공공도시를
꿈꾸며

공공도시를
꿈꾸며

ⓒ 박용진, 2015

초판발행 | 2015년 12월 25일

지은이 | 박용진
펴낸이 | 김인석
펴낸곳 | 투데이미디어 출판부
출판등록 | 제397-2008-00009호
편집 | g-world design

주소 | 과천시 문원동 15-6
전화 | 02-502-3635
이메일 | sugdwo@hanmail.net
홈페이지 | www.graphys.co.kr

ISBN 978-89-961830-7-5

- 가격은 뒷표지에 있습니다.
- 이 책은 저작권법에 의하여 보호를 받는 저작물이므로 무단 전재와 복제를 금합니다.
- 파본은 구입하신 서점에서 교환해 드립니다.

공공도시를 꿈꾸며

• 박용진 지음 •

투데이미디어 Book

V. 공공도시를 꿈꾸며

• 신문기사와 글 모음

나는 왜 이 책을 쓰게 되었나 ──────

며칠 전 고려대학교 대학원 행정학 박사학위 최종논문심사가 있었
다. 「중앙정부의 조세정책 변화가 지방재정에 미치는 영향」이라는
논문이었다. 10월말 첫 번째 심사에서 재심결정이 나왔던 터라 내심
긴장했다. 하지만 11월말 최종심사에서 다행히 논문이 통과되었다.
그 순간 지난 세월이 주마등처럼 뇌리를 스쳐 지나갔다. 고려대학교
행정학과에 들어가서 흥미를 느끼지 못하고 방황하던 시절부터 직장
에 다니며 시작한 대학원 생활, 뒤늦게 박사과정에 들어가서 젊은 후
배들과 공부하며 느꼈던 어려움, 논문을 쓰는 동안 겪었던 지난한 고
통 등…. 가족들의 얼굴도 떠올랐다. 아버지, 어머니, 아내, 아이들….

이 책은 크게 두 부분으로 나뉜다. 첫 부분에는 그 동안 내가 살아
온 이야기를 담았다. 정치인이기 이전에 인간 박용진의 모습을 보여

주고 싶었다. 어찌 보면 특별해 보일 게 없는 것 같기도 하고, 또 어떻게 보면 나름대로 치열하게 살아온 인생 같기도 하다. 스스로 대견하기도 하고 아쉬운 대목이 있기도 하다.

두 번째 부분은 내가 생각하는 정치에 대한 이야기다. 정치가 왜 필요한지, 정치의 역할이 무엇인지, 내가 하려고 하는 공공선을 추구하는 정치가 무엇인지 이야기 했다. 바쁘신 독자들을 위해 여기에 간략히 소개해 보겠다.

만일 세상의 모든 일이 모든 사람들에게 이익이 되는 방향으로 이루어진다면 정치는 필요 없을 것이다. 사람들이 각자 자기 이익만을 도모해도 손해를 보는 사람이 없고 오히려 사회 전체적인 이익이 늘어난다면 정치가 왜 필요하겠는가? 그러나 이것은 유토피아에 불과하다.

현실에서 문제는 어떤 사람에게 이익이 되는 일이 다른 사람에게는 손해를 입히기 때문에 발생한다. 한 지역이 재개발되면 이익을 보는 사람이 생기지만 손해를 보는 사람도 생기게 마련이다. 양자가 서로 원만하게 합의를 하면 문제가 해결되지만 합의가 되지 못할 때 문제는 더 커져 해결하기 어려워진다. 더구나 인구가 늘어나고 사회구조가 복잡해질수록 각자의 이해관계는 복잡하게 분화되고, 따라서 갈등의 소지도 커질 수밖에 없다. 이러한 갈등을 합리적으로 해결하는 과정이 정치다.

오늘날 우리 사회가 직면하고 있는 많은 어려움들은 기실 정치가 제 역할을 다하지 못하고 있기 때문에 생긴 것이다. 양극화의 심화,

불평등의 구조화, 이념, 지역, 세대 간 갈등의 심화, 출산율의 저하 등 암울한 상태에서 벗어나려면 다른 어떤 영역보다도 먼저 정치가 바로 서야 한다.

정치의 고전적 정의는 '자원의 권위적인 배분'이다. 권위는 공정할 때 정당성을 갖는다. 공정하지 못하게 행사되는 권위는 저항에 부딪치게 된다. 공정하다는 것은 이익을 보는 사람 뿐 아니라 손해를 보는 사람도 이의를 제기할 수 없을 정도로 합리적인 과정을 거쳐 어떤 결정이 이루어지는 상태를 말한다. 정치가 항상 공정하게 권력을 행사한다면 다툼이 생기지 않을 것이다. 그렇지 못하기 때문에 갈등을 조정할 제도가 필요하고 예방적 차원에서 견제와 감시가 필요하다. 이러한 과정이 소수 엘리트에 의해서가 아니라 시민 다수의 참여에 의해 이루어지는 과정이 민주화다.

우리는 독재를 청산하고 민주주의를 얻기 위해 치열하게 투쟁한 경험을 가지고 있다. 1987년 6월 항쟁을 통해 민주화에 성공했지만 민주정부 10년을 보내고서도 민주주의는 늘 불안한 상태에 있다. 보수정권 7년여 동안 민주화는 엄청나게 후퇴했다. 한동안 잊고 지내던 독재시절의 유산들이 불쑥불쑥 되살아나는 광경을 지켜보면서 착잡함을 넘어 민주주의란 얼마나 취약한 것인지 새삼 느끼게 된다.

무엇이 민주주의를 취약하게 만들었을까? 나는 그 이유를 민주화 과정에서 공공선에 대한 성찰이 부족했기 때문이라고 생각한다. 민주화는 단순하게 선거제도를 바꾸거나 헌법을 개정한다고 해서 이루어지는 것이 아니다. 그것은 형식적인 절차를 개선하는 것에 그칠 뿐, 그에 걸 맞는 내용이 채워지지 않는 한 바람이 불면 힘없이 날아가 버릴 수밖에 없는 빈껍데기에 불과하다. 요컨대 무엇을 위한 민주화 인가에 대한 성찰이 필요한 것이다.

영어로는 'common good'이라고 하고 우리말로는 '공공선', 공동 선'이라고 하는 것을 한 마디로 말하면 "다 같이 잘 살자"라는 것이 다. 나 혼자만 잘 살기 위해 애쓰는 것은 동물도 할 수 있다. 나뿐만 아니라 다른 사람들도 함께 잘 사는 세상을 만들기 위해 애쓴다는 것은 오직 인간만이 할 수 있는 고귀한 일이다. 공공선을 추구하기 위해서는 공공성에 대한 인식에서 출발해야 한다.

공공성에 대한 인식이란 개인의 사적인 영역 밖에 존재하는 것들 을 공적인 것으로 여기는 태도를 말한다. 쉽게 말해 세금은 공공의 이익을 위해서 써야지 특정 지역이나 특정인, 특정기업의 이익을 위 해 쓰면 안 된다는 것이다. 그리고 공공재에 대한 경쟁은 공정한 룰 에 의해 이루어져야 한다는 것이다. 공정한 룰에 의해 규율되지 않는 경쟁은 어느 한쪽에 유리할 수밖에 없고 다른 쪽에게는 손해를 입힐 수밖에 없다. '흙수저', '헬조선' 등 듣기만 해도 가슴 아픈 신조어들은 이처럼 공공성이 무시되고 공정한 룰이 적용되지 않는 사회에 대한 젊은이들의 절망에서 나온 야유다.

참여와 소통에 기초한 풀뿌리 민주주의가 정착되고 사람중심의 사 회적경제가 지역경제의 근간이 되며 우애와 협력의 지역공동체가 발현 되는 공공도시를 실현하는 것이 내가 정치를 하려고 하는 이유이다.

나는 고위관리 출신이 아니다. 어쩌면 평범하게 직장에 다녔지만, 나 스스로 편안함에 안주하지 않고 끊임없이 도전하는 삶을 살았다고 생각한다. 그리고 나 자신보다 일반 시민들의 입장에서 세상을 보려고 노력했다. 이를 통해 나는 배웠다. 사람들이 바라는 것은 평범한 사람들이 느끼는 희노애락의 감정을 함께 느끼고, 함께 즐거워하고 함께 슬퍼하고 함께 분노할 사람, 상식에서 벗어나지 않는 합리적인 판단을 하고 누구나 거리낌 없이 만나서 이야기를 나누고 해결책을 모색하는 사람이라는 것을.

그리고 나는 소망한다.

대한민국의 정의가 바로서고, 어느 국민도 소외되지 않고 함께 잘 살 수 있는 따뜻한 세상을.

'아름다운 동행, 따뜻한 성장'을 추구하는 공공도시로의 힘찬 출발이 되기를 간절히 소망한다.

2015년 12월 초
박용진 드림

I
만남

잦은 전학으로 새로운 친구들과 사귀고 낯선 분위기에 녹아드는 것도 중요

했지만, 학습 분위기가 바뀌는 것에 적응해 진도를 따라가는 것도 중요했다.

조용하고 얌전한 아이?

남자 열 명, 여자 열 명 정도가 있는 옆자리에 눈길이 갔다. 내 또래
인데다 중년의 남녀가 함께 뒤섞여 있는 풍경도 그리 익숙한 풍경은
아니었기 때문이기도 했다.

나뭇잎이 한참 물을 들이는 10월, 나는 고등학교 친구인 영균이 아
버님의 부음소식을 듣고 안양 메트로 병원의 빈소를 찾아 조의를 표
하고 저녁식사를 하며 소주 한 잔을 비우고 있었다. 그런데 옆 자리의
문상객들이 자꾸 눈에 밟힌 것이다. 그때 친구 영균이가 와 앉았다.

소주 한 잔씩을 주고받으며 잠시 고인을 회고하다가, 우리의 화제
는 학창시절로 돌아갔다. 고등학교 시절을 회상하던 중 영균이가 내
게 물었다.

"근데 너 초등학교는 어디 나왔냐?"

"나? 광천."

나의 대답에 영균이가 흠칫 놀라며 말했다.

"광천 나왔다고? 야, 나도 광천인데!"

나 역시 놀랐고, 우린 서로 마주보며 어리둥절했다. 고등학교 친구인줄만 알았는데, 초등학교 친구이기도 했던 것이다.

내가 "아니, 그럼 우리가 초등학교 동창이었단 말야?"라며 비실비실 웃자 영균이 또한 "근데 왜 몰랐지?"라며 헛헛한 표정을 지었다.

하긴 기억을 맞추어보니 영균이와 나는 초등학교 시절 한 번도 한 반인 적이 없었다. 게다가 나는 광천초등학교를 5학년 때 전학 와서 2년도 채 안 다녔을 뿐이다.

기억의 퍼즐이 대강 맞추어지자 영균이는 아까부터 내 눈길이 갔던 옆자리 스물 남짓의 중년 남녀에게 소리쳤다.

"야, 늬들 용진이 몰라?"

무리의 시선들이 일시에 나에게 꽂혔다. 일시에 쏠리는 시선 속에 영균이는 내게 "여기 다 광천초등 친구들이야"라고 하고 그들에게 "이 친구도 광천, 6학년 때 8반이었대!"라고 부연했다.

그때 무리 중에서 눈을 깜빡거리며 나를 응시하던 한 여인이 배시시 웃으며 소리쳤다.

"아, 박용진? 알지! 짝꿍이었는데 모르겠어! 야, 박용진 나 몰라?"

그러고 보니 순박한 인상과 예쁘장한 얼굴이 낯이 익다.

"그래, 알 것도 같은데… 이름이 뭐더라?"

"나, 이복덕이야!"

"그래, 맞아. 이제 알겠어!"

모습에서 채 확신하지 못한 기억이 이름으로 확실해졌다.

복덕이는 6학년 8반 내 짝꿍이었다. 사실 나는 고등학교 모임이나 친구들과는 사회에 나와서도 자주 만났지만 초등학교 친구들과는 거의 만난 적이 없었다. 특히나 5학년 때 전학 가서 채 2년을 안 다녔기 때문에 친하게 사귄 친구가 없었다.

그런데 인사를 나누고 그 시절 이야기를 나누며 보니 아스라하지만 35년 전의 모습이 스멀스멀 되살아났다. "장가갔냐?", "애는 몇이냐?"에서부터 "어디서 사냐?", "무엇하고 있냐?" 우리는 묻고 답하며 이야기꽃을 피웠다.

나도 안양에서 살게 되기까지의 35년여의 내 궤적을 간단히 설명했고 동창들 또한 각자 간단한 삶의 궤적을 소개했다. 다들 고향을 떠나 수도권에 살고 있었다. 2, 3년 전부터 모임도 갖고 있었고 최근

▼ 광천초등학교 6학년 8반 동창들과 / 맨 왼쪽이 짝꿍 이복덕

에는 광주로 내려가 6학년 때 담임인 류재춘 선생님을 모시고 식사도 하고 왔다고 했다. 짝꿍 복덕이와는 각별히 많은 얘기를 나누었다. 나는 복덕이에 대한 기억이 흐릿했는데, 그녀는 나를 선명하게 기억하고 있었다. 지금은 없어졌지만 내가 주근깨가 많았다는 것도 기억할 정도로 별 걸 다 기억하고 있었고, '얌전하고 조용한 아이'였다는 말도 덧붙였다.

그런가? 나는 짝꿍이 말하는 나의 초등생 시절을 생각해봤다. 내가 조용하고 얌전한 아이라는 말도 맞을 것이다. 그리고 하나 더 내가 나의 초등생 시절을 말 한다면 의식적으로 친구들과 잘 어울리려고 노력했고, 또 잘 어울렸다는 것이다.

나는 초등학교를 네 군데를 다녔다. 서울에서 남원으로, 남원에서 전주로, 전주에서 광주로. 정들만 하면 헤어져서 낯선 친구들과 만나야 했다. 그런 환경에 처한 내가 학교생활을 잘 보내기 위해서 '공동체', '어울림', '융화', '함께', '같이' 이런 것들에 남달랐던 것 같다.

'초등생 시절의 나를 간직하고 있다면 얼마나 좋을까.'

살아가면서 잃어가는 것들이 너무 많다. 빈소를 나오는 길이어서 그랬을까? 인생의 종착지에 이르렀을 때 항로를 벗어나지 않고 기착하는 것만큼 중요한 것이 없다는 생각이 강하게 들었다. 35년 만에 초등생 친구들을 만난 반가움과 삶의 궤적을 생각해보는 무거움이 뒤범벅이 되어서.

수술비와 아버지

1970년, 2녀 1남 중 가운데로 서울에서 태어난 나는 초등학교 1학년 때까지 쭉 서울에서 살았다. 유소년기의 짧은 서울생활의 기억은 그리 많지 않다. 초등학교 들어가기 전 우리는 성수동에서 살았는데, 집이 지대가 낮은 위치에 있어서 여름에 비가 오면 물을 퍼내야 했던 일이 떠오른다. 또 마당에서 수제비를 끓여먹었던 기억도 난다. 단칸방에 살았지만 그때는 크지 않더라도 집집마다 마당이 있었다. 연탄 화덕에 솥단지를 걸어놓고 엄마가 밀가루 반죽을 해서 수제비를 떠주던 모습이 아스라하다. 어머니 말에 의하면 그때 나는 동네 이발소에 가서 진종일 살았다고 한다. 이발소 아저씨를 삼촌처럼 따르고 종일 거기서 놀다 오곤 했다는 것이다.

내가 초등학교 들어갈 무렵에 우리는 봉천동에서 살았다. 그때 우리는 슈퍼마켓을 운영했는데, 내가 친구들을 데리고 와 가게에 있는 과자를 막 나누어주었다가 엄마한테 엄청 혼났던 기억이 난다.

관악초등학교 입학해 1학년을 다니던 중 나는 전북 남원의 오동초등학교로 전학을 갔다. 이때 지금도 아쉬움이랄까, 이런 생각이 드는 일이 있다. 내가 초등학교부터 고등학교까지 계속 개근을 했는데, 초등학교 때 딱 한번 결석으로 인해 정근이 되었다는 것이다. 남원으로 전학 간 첫 날 학교에 갔다가 무슨 일 때문인지 집으로 되돌아왔기 때문이었다.

남원에서는 학교가 집에서 거의 한 시간 거리에 떨어져 있었고, 누나랑 같이 걸어서 학교를 다녔다. 산골이라 남원은 내 성장기에서 자연을 벗 삼아 뛰어놀았던 시절이기도 하다. 그 시절 그 마을 아이들이 다 그랬듯 갈퀴와 부대자루를 들고 산에 가서 군불 땔 나무를 하기도 했고, 칡뿌리를 찾아 캐먹었던 기억도 생생하다.

그때 우리 마을은 열 가구 정도 사는 작은 마을이었는데, 우리가 그 마을에서 가장 좋은 기와집에서 살았다. 또 마을에서 유일하게 우리 집만 TV가 있어서 저녁이면 동네 꼬맹이들이 다 우리 집으로 몰려와 텔레비전을 봤다. 그때 즐겨 보았던 프로그램으로 명랑운동회와 프로 레슬링이 생각난다.

자연에 흠뻑 빠졌던 남원살이는 짧았다. 한 1년여 만에 나는 전주 덕진초등학교로 전학을 갔다. 거기서 2, 3, 4, 5학년을 다니다가 또 광주의 광천초등학교로 전학을 간 것이다.

이렇게 전학을 많이 다닌 이유는 아버지의 직장 때문이었다. 어렸을 때 기억에 아버지가 서울에서 슈퍼마켓, 주류유통업을 하셨는데 자리를 잡지 못하셨던 것 같다. 이것저것 손을 댔지만 실패를 거듭하자 친지의 소개로 남원에 취업을 하며 서울 생활을 접은 것이다. 그때가 1977년도로 아버지 나이 41세였다. 나중에 들은 바로는 아버지가 서울에서 이것저것 해봤지만 실패를 거듭하니 '이래가지고 아이들을 제대로 키우지 못 하겠다'는 위기의식을 많이 느끼셨다고 한다.

안정된 직장을 찾아 식솔을 이끌고 남원으로 이주를 했지만, 아버지가 하는 일은 지방도로를 포장하고 보수하는 일용직이었다. 요즘으로 치면 비정규직이었던 셈인데, 그래도 건설부 산하 국도유지건설사무소 소속이어서 안정성은 담보되었던 모양이다. 1년여 만에 남원을 떠나 전주로 전근을 하신 것은 아버지를 채용했던 분이 국도유지관리사무소 소장이었는데, 그분이 남원에서 전주로 전근을 가자 아버지도 따라가셨기 때문이었다.

이때만 해도 우리 집 형편은 썩 좋지 않았던 터여서 전주로 오면서부터는 엄마가 직장을 다니기 시작했고, 나도 덕진초등학교 시절 잠깐 신문 파는 아르바이트를 하기도 했다. 신문을 떼어다 시내 거리를 돌아다니며 팔았는데 한 서너 달 정도 한 것 같다.

엄마가 직장에 다니기 때문에 우리가 밥을 챙겨먹던 일도 많았는데 한번은 여동생과 석유곤로에 계란프라이를 해먹다가 불을 낼 뻔한 일도 있었다. 요즘 '응답하라 1988'이라는 드라마에서 곤로로 밥 짓고, 연탄난방 하는 장면이 나온다고 해서 화제가 되기도 했지만 내 초등생 시절인 70년대 중반에도 곤로를 참 많이 썼다. 그때 곤로가 오래돼서 그랬는지 심지를 내려도 불이 꺼지지 않는 것이었다. 결국 물을 퍼부어서 불은 껐지만 곤로가 석유와 물로 뒤범벅이 되어버려 엄마한테 혼났던 기억이 난다.

▲ 초등생 시절 누나 여동생과 / 광주에 살던 시절이다

전주에 살 때 엄마는 가구공장에 다니셨는데, 퇴근할 때쯤이면 숙희 누나랑 마중을 나가곤 했다. 마중 나가서 엄마를 만나 같이 집에 돌아오곤 하던 그 무렵의 일이다. 그때 단칸셋방 주택 옥상을 장독대처럼 썼는데 엄마가 항아리 하나에 홍시를 넣어두어 우리는 거기에 가끔 올라가 홍시를 꺼내 먹곤 했다. 내가 3학년인가 4학년인가 정확히 기억은 안 나는데 엄마가 옥상에서 빨래를 널고 있어서 여동생 숙현이 하고 같이 올라갔다. 숙현이는 나하고 다섯 살 차이로 당시 미취학 아이였다. 그런데 같이 옥상에 올라온 숙현이가 갑자기 안 보였다. 의아해서 찾아보니 옥상 아래에 떨어져 있는 것이 아닌가. 땅바닥에 엎어져 꼼짝도 안하고 있었다.

그때 난 동생이 죽은 줄 알았다. 엄마도 나도 놀라서 119를 불러 동생을 병원으로 싣고 갔는데, 두개골에 금이 가는 중상이었다. 그만치 수술비 또한 당시 우리 집 사정으로는 마련하기 어려운 금액이었다. 그런데 또 기가 막힌 것은 아버지가 여기저기서 어렵게 융통해 마련한 수술비를 잃어버렸다는 것이다. 당시 나는 몰랐는데 나중에 아버지가 얘기를 해주어서 알았다.

아버지와 어머니가 여기저기 돈을 끌어 모아 수술비 300만 원을 겨우 마련한 모양이었다. 그런데 그 돈을 택시를 타고 가다가 두고 내렸다는 것이다. 당시 아버지가 얼마나 경황이 없었던지는 짐작하고 남는다.

결국 그 돈은 못 찾았다고 한다. 그 당시 아버지 월급이 한 7만 원인가 그랬다. 노란 봉투에 받아 오실 때로 나도 또렷이 기억한다. 그때 아버지는 하늘이 무너져 내리는 심정이었을 것이다.

아버지가 2008년 3월 11일 돌아가셨는데, 그 얼마 전 당시의 이야기를 내게 들려주셨다. 나는 아버지로부터 이 이야기를 들으며 눈물을 쏟았다. 그리고, '그래서 결국 수술비는 어떻게 마련했느냐?'는 말은 차마 하지 못했다.

어쨌든 동생 숙현이는 그때 수술을 받았고 지금 건강하게 살고 있다. 그때 아버지는 또 다시 어떻게든 수술비를 마련했을 것이다.

어렸을 때 엄마가 직장을 다니고 아버지가 가족을 위해 헌신하는 모습은 내가 살아가는데 하나의 나침판이 되었다. 당연히 커오면서 삐뚤어질 생각은 조금도 할 수 없었던 이유이기도 했다.

소년기, 내 기억의 두 가지

소년기에 여러 기억이 있지만, 그 중에 가장 크게 기억하는 두 가지가 전주 시절에 겪은 일이다.

그때 나는 외삼촌들을 참 좋아했다. 당시 외가가 화순에 있었는데 어머니 남동생이 네 분이 계셨다. 전주에 살 때부터 나는 방학 때면 화순으로 놀러가 외삼촌들과 어울렸다.

어머니 쪽 화순의 외가가 굉장히 잘 살았다. 지금은 없어졌지만 화순군청 뒤에 있는 큰 정미소인 화신정미소를 외갓집이 운영했다. 나는 방학 때마다 외가에 가서 그 정미소에서 숨바꼭질을 하며 놀았다. 또 외삼촌들하고 개구리 잡으러 다니고, 경운기 타고 화순의 유명한 만년폭포로 놀러가는 등 방학이면 한 달 동안 외가에서 살았다. 그래서 내 소년기는 화순 외가에서 놀던 때가 가장 즐거운 기억으로 떠오른다.

네 외삼촌 중에서도 당시 대학생인 셋째 외삼촌과 고등학생인 넷째 외삼촌을 잘 따랐는데, 내가 4학년이던 80년 봄, 방학 때도 아닌데 두 외삼촌이 전주 우리 집으로 놀러왔다. 그때 나는 외삼촌이 왔다고 좋아했지만 두 분의 표정은 매우 어두웠고, 예전처럼 나와 놀아주지도 않았다.

두 외삼촌은 엄마와 뭔가 심각한 얘기를 나누었는데, "광주에서 사람이 죽고 난리가 났다. 이럴 수가 있느냐"라는 취지의 울분 같은 것이었다. 그즈음 텔레비전 뉴스에서도 '광주 폭도' 이런 말이 나오고 뭔가 흉흉했다. 나중에 안 일이지만 그때 두 외삼촌은 피신을 온 것이었다. 두 외삼촌이 주동자거나 운동권이어서 그랬던 것은 아니었고, 당시 광주에서 군인들이 젊은 사람들을 닥치는 대로 패고 잡아들이니 외할아버지가 전주 누나 집에 가 있으라고 했던 것이다. 나는 그런 분위기를 보며 어린 마음이지만 광주에서 뭔가 죽음이라는 것이 걸린 큰 난리가 났다는 어림짐작을 했었던 것 같다. 물론 나중에 커서 정확한 진실을 알게 되었지만.

또 하나는 전주에서 만 3년을 살았는데 이때의 아버지 모습이 내 뇌리에 선명히 각인되어 있다는 것이다. 그때 우리는 단칸방에 살았다. 추운 겨울철, 아랫목에서 잠을 자다 깨면 아버지가 외풍이 센 윗목에서 이불을 뒤집어쓰고 뭔가 공부를 하고 계셨다.

▲ 초등생 시절 아버지, 엄마, 누나 여동생과 / 전주 덕진공원이다

스탠드도 없던 시절, 아버지는 상을 하나 펴놓고 촛불 속에서 열심히 공부를 하셨다.

어렸을 때라 아버지의 그런 모습에 대해 별로 관심이 없었지만 그 것이 9급 공무원 시험이라는 것은 나중에 알았다. 한동안 그런 공부 끝에 어느 날 아버지는 어머니의 배웅을 받으며 시험을 보러 가셨다. 그리고 합격하셨다. 마흔 다섯 무렵에 공부를 해서 말단이지만 공무 원으로 자리를 잡은 아버지의 근성이랄까, 성실함이랄까, 이것에 대 해서는 아버지라서가 아니라 존경하지 않을 수 없다.

아버지는 3남 4녀 중 둘째였다. 형제 중에 그나마 아버지가 가장 공부를 잘했고, 비록 중퇴를 하셨지만 고등학교도 다녔다. 아버지가 어려서부터 한자도 다 뗄 정도로 공부에 남다른 점이 있었기에 40대 중반에 자식 셋을 둔 가장으로 공무원 공부를 해서 일용직에서 벗어 날 수 있는 모험 아닌 모험도 할 수 있었을 것이다.

태권도를 배우다

5학년 때 전주를 떠나 광주로 갔다. 아버지가 광주의 국도유지건설사무소로 전근을 가셨기 때문이었다. 우리 가족은 광주 농촌진흥청과 국도유지건설사무소가 있는 농성동으로 이사를 했다. 광주로 이사하며 우리는 단칸방을 벗어나 방이 두 개 있는 2층 전세를 살았다.

올해 10월 안양 메트로 병원 빈소에서 고등학교 동창인줄만 알았던 영균이와 우연히 초등학교 동창이라는 걸 알게 된 것은 우스운 얘기인 것 같지만 사실 2년이 채 안 되는 짧은 재학기간 때문이었다. 그렇기 때문에 까맣게 잊혀진 광주의 초등학교 동창들과 단체로 해후할 수 있었던 것도 반가웠지만 내 역사에서 사라진 광천 시절을 되살릴 수 있게 되었다는 것도 매우 반갑다.

광천초등학교 동창들은 밴드를 만들어 모임도 하고 정기적인 만남도 이어오고 있었다. 빈소에서 만난 친구들은 그 자리에서 나를 밴드에 가입시켰다. 들어가 인사를 하니 무수한 댓글이 달렸다. 많은 글을 읽으며 나는 흐뭇한 마음으로 광천 시절을 회상했다.

나는 남원에서까지는 그다지 공부에 흥미도 없었고, 성적도 별로였다. 그런데 전주에서부터는 특별히 노력을 한 것도 아니었는데 남들보다 조금 잘했던 것 같다. 어머니가 지금도 하시는 말씀이 있는데 누나나 동생은 공부를 안 해서 다그치기도 했지만 나는 시키지 않아도 알아서 했다는 것이다. 가령 누나가 구구단을 외우면 옆에서 보고 있다가 혼자 알아서 구구단을 습득하더라는 것이다. 그래서 군이 닦달

할 필요가 없었다는 것인데, 어쨌든 덕진초등학교 때부터 성적이 상위권에 들면서 나는 공부에 대한 욕심도 났고 또 의식적으로 노력을 하기 시작했다.

잦은 전학으로 새로운 친구들과 사귀고 낯선 분위기에 녹아드는 것도 중요했지만, 학습 분위기가 바뀌는 것에 적응해 진도를 따라가는 것도 내게는 중요했다. 다행히 전주에서는 상위권에 들만큼 학업성적이 괜찮았지만 광주는 그동안 거쳤던 도시 중에서 가장 큰 도시였고, 학교 규모 또한 마찬가지였다. 전학 전에 광주 애들이 보통이 아니라는 말을 들었던 까닭에 처음 광천초등학교에 전학 와서는 주눅이 들었다. '어떻게 여기 애들을 따라가지?'라며 고민도 꽤 했던 것 같다.

그런데 5학년 때 계기가 하나 있었다. 중간고사를 앞두고 학교에서 200문제인가 하는 예상문제집을 주었다. 그 중에서 한 50개를 골라 문제를 내는 것이었다. 그때 어떻게 광천초등학교 애들을 따라잡나, 하는 고민을 하던 나는 문제집을 받고 '200개 이거 다 외우면 되는 거 아냐? 이 중에 시험문제가 나오는 거니 다 외우자'라며 달달 외웠다. 지금 생각하면 무식하달까, 무모하달까 하는 생각이 들어 웃음이 나오는데 그땐 나름 절박했던 것 같다.

그렇게 모조리 외운 탓에 나는 한 문제도 틀리지 않고 100점을 맞았다. 나 외에도 100점을 맞은 친구들도 있었지만, 나는 이때를 기점으로 주눅 든 마음을 털어 냈다. 큰 도시의 아이들과 겨뤄 뒤떨어지지 않고 얼마든지 앞서나갈 수 있다는 자신감이 붙은 것이다.

뿐만이 아니라 내가 공부를 해나가는데 있어 이때의 경험은 하나의

광천초등학교 6학년 8반 / 뒷 줄 맨 오른쪽(선생님 옆)이 나다

전환점이기도 했다. '하니까 되더라. 내게 주어진 분량을 난 충분히 소화할 수 있다'라는 그런 확신 같은 게 생긴 계기가 되어 대학, 그리고 지금의 박사과정까지 쭉 나의 학업을 이끈 원동력이 되었던 게 아닌가 하는 생각이 들기 때문이다.

광주로 전학 가서는 옆집에 사는 범용선이라는 친구와 가깝게 지냈다. 아침마다 용선이와 만나 함께 등교했는데 지금도 잊히지 않는 것은 용선이가 아침부터 라면에 밥을 말아 먹던 모습이다. "용선아 학교가자!"라며 찾아가면 라면 그릇을 들고 나와서 "응, 조금만 기다려"라고 했는데, 그게 그때는 참 부러웠다. 당시만 해도 라면은 별식처럼 쉽게 먹을 수 있는 음식이 아니었기 때문이다. 지금 용선이는 건국대 부동산학과를 나와 건설회사에 다니고 있다.

광주 광천초등학교 시절에서 빼 놓을 수 없는 것은 이때부터 내가 태권도를 배우기 시작했다는 것이다. 초등학교를 자주 옮겨 다니며 새로운 세계에 직면하면서 '남자는 자기를 지킬 줄 알아야 한다'라는 의식이 생겼던 것 같다. 광주로 전학 온 지 얼마 안 되었을 때 나는 수돗가에서 물을 먹다가 뒤에서 6학년 형들이 빨리 비키라며 거칠게 밀쳐내는 바람에 나가떨어진 일이 있었다.

또 그때 상급생들이 하급생들의 돈을 뜯는 일이 많았다. 실제 나도 중학생들한테 몇 번 뜯긴 일이 있었다. 외진 길을 가다가 중학생 형들이 오라고 해서 가면 "너 있는 거 다 내놔!" 해서 없다고 하면 "너 나오면 한 대씩 맞는다"라며 터는 것이었다.

그런 일도 있고 아버지가 평소 "남자는 운동 하나쯤은 해야 한다"는 말씀도 하셔서 태권도장을 나가기 시작했다. 일단 재미가 있었

▼ 광천초등학교 졸업앨범의 6학년 8반

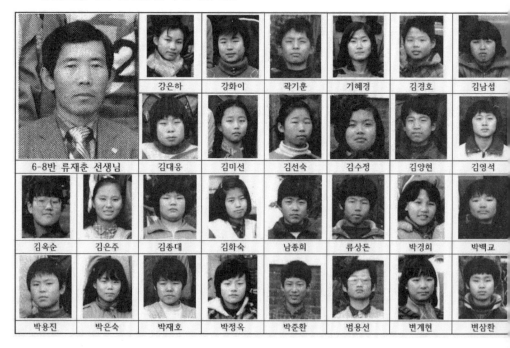

다. 등교하기 전 새벽마다 가야하니 귀찮을 수도 있었는데, 재밌고 멋있다는 생각이 들었다. 도장 관장님이 동네의 불량한 중학교 고등학교 형들을 불러다 혼내는 것도 멋있어 보였다.

6학년 때는 우리 태권도장 다니는 아이들 전체가 학교 장기자랑에 나가 운동장에서 시범도 보이고 했는데, 그때 여학생들한테 우쭐했던 일도 생각난다. 그러나 태권도를 배웠다고 해서 주먹자랑하거나 싸우거나 하는 일은 없었다. 다만 중학교 때 우리 반의 대표 격인 이른바 '짱'이 나를 툭툭 건드린 일이 있었다. 참다 참다 나도 모르게 욱해서 순간적으로 돌려차기를 했다. 그 친구는 쓰러져 한동안 못 일어났다. 그 뒤로 나는 절대 주먹을 함부로 쓰면 안 된다는 생각을 했고 실제 그랬다.

공부, 그리고 성적경쟁에서

83년도에 광천초등학교를 졸업한 나는 야구로 유명한 진흥중학교로 진학했다. 이때부터는 대학입시를 의식하고 공부에 신경을 많이 썼다.

사실 공부로 그 사람을 평가하는 성적, 학벌만능주의는 한국 사회의 가장 큰 병폐 중의 하나다. 물론 학생은 공부에 최선을 다하는 것이 도리다. 그러나 지금 한국의 교육 풍토는 공부가 전부인 것처럼 되어 있다. 공부를 잘한다는 것은 사람의 여러 가지 재능 중에 하나를 잘한다는 것에 불과하다. 그럼에도 공부만 잘하면 모든 것에서 우등하고, 공부를 못하면 모든 것에서 열등한 사람처럼 치부되는 작금의 풍토는 서글픈 일이다. 공부를 최고의 가치로 치는 것은 궁극적으로 인간의 존엄성을 해치는 것이고 OECD 10위권의 경제력을 가졌으면서도 대한민국이 행복하지 못한 나라 상위권에 드는 이유와 직결되어 있다고 나는 생각한다.

물론 이런 생각은 내가 어른이 되면서 정립된 것이다. 나도 중·고교시절 어른들이 만들어 놓은 주입식 입시공부 경쟁에 뛰어들었고, 잔혹한 승부사일 수밖에 없었다.

중학교에 진학하면서 나 역시 성적이라는 치열한 경쟁에 뛰어들었다. 1학년 때 월말고사인가 첫 시험에서 나는 반에서 2등을 했다. 6백여 명의 전교 석차로는 반에서 1등인 친구가 9등인가를 하고 나는 16등인가를 했다. 이때 나는 자신감이 붙었다. 더 열심히 하면 더 좋은 성적을 낼 수 있을 거라는 생각이 들었다. 실제 중간고사인가부터는 내가 1등 친구를 제쳤고, 전교 석차에서도 5위권 안에 들게 되었다. 그러면서 더욱 자신감이 붙었다. 전주에서 상위권에 들었다고 하나 광주라는 도시에 와서는 내 자신을 가늠할 수 없었는데, 별 것 아니라는 생각이 든 것이다. 실제 그 후부터 나는 반에서는 1등을 거의 안 놓쳤고 전교 석차도 1, 2등을 다투었다.

1학년 때 반장도 했던 것으로 기억한다. 그때 기억나는 것이 하나 있는데, 내가 반장이 되니 아버지가 그 기념으로 큰 소철나무 화분 하나를 학교에 기증했다. 그런데 1학년 끝나니까 선생님이 가져가라고 했다. 그때 중학교 1학년짜리가 그 나무를 들고 오기엔 꽤 컸다. 그런데 학교에서 가져가라니까 창피해서 그랬는지, 왜 그랬는지 확실히 기억나지는 않지만, 나는 그 나무를 메고는 버스를 타지 않고 큰 길이 아닌 논두렁으로 해서 집까지 걸어왔다. 진흥중학교에서 농성동 우리 집까지 아마 두 시간 가까이 걸려서 왔을 것이다. 얼마나 힘들었는지 지금도 그때의 기억이 생생하다.

하여튼 중학교 때부터 나는 공부에 욕심을 냈고 졸업할 때까지 전교 1, 2등을 다투었다. 따라서 200점 만점인 연합고사에서 당연히 만점을 맞을 줄 알았는데 195점을 맞았다. 그 점수로 나는 광주의 새로운 명문으로 떠오른 인성고등학교에 진학하게 되었다. 그때, 성적으로 반 배치를 했는데 끝 반인 12반이었다. 아마 석차가 쭉 오다가 12반에 걸렸던 모양이었다.

인성고는 광주의 전통적 명문인 광주일고, 광주고를 제치고 신흥

▲ 광주 진흥중학교 졸업식에서

명문고로 떠오른 학교다. 내가 13회 졸업생인데 설립자인 김인곤 씨는 비례대표 국회의원도 지내고 광주대학교 이사장과 총장도 지내셨는데, 교육열이 굉장히 높을 뿐 아니라 신념이 확고한 분이었다.

인성고는 내 위 선배부터 3학년 때 전교 1등부터 200등까지 끊어가지고 기숙사 생활을 하도록 했다. 200등에서 밀려나면 나가고, 들어오면 다시

기숙사반으로 들어오는 경쟁을 하며 1년 동안 스파르타식으로 공부를 하는 것이다. 아침 6시 기상, 밤 12시 취침을 하며 정규수업 끝나면 무조건 기숙사에 들어와 그 안에 도서실처럼 만들어 놓은 책상에서 공부를 한다. 당시 기숙사는 20호실이 있었는데 각 호실마다 10명씩 들어가 먹고 자고하며 강도 높은 공부를 했다. 뺑뺑이임에도 불구하고 학교 측이 그런 열의를 갖고 있었다는 것은 독특한 교육관이라고 볼 수 있을 것이다.

일류대에 많이 보내기 위한 스파르타식 학습방식도 따지고 보면 성적, 학벌 만능주의의 산물임이 분명하다. 그러나 그런 교육풍토에서 독자적인 경쟁력을 갖춘 인성고의 도전정신은 높이 살 일이다. 인성고의 그런 교육방식 탓에 우리 동기 중에서도 문과에서는 서울대를 2명 밖에 못 보냈지만 이과에서는 꽤 많이 합격시키는 성과를 냈다. 그때 우리 반에 최성만이라는 친구가 있었는데, 공부를 무척 잘했다. 그래서 항상 최성만이 1등, 내가 2등을 했고 둘 다 전교 석차 10위권 안에 들었다.

2학년 때도 최성만과 같이 문과로 갔는데 당시 문과가 4개 반, 이과는 8개 반이었다. 다행히 최성만은 세계사를 선택해서 3, 4반에 있었고, 나는 지리를 선택해서 1, 2반에 있었기 때문에 2학년 때부터는 내가 항상 반에서 1등을 했다. 2학년 때부터 문과 4개 반에서 최성만, 김기열, 그 다음으로 나, 이렇게 세 명이 1, 2, 3등을 돌아가면서 했다. 그런데 최성만, 김기열이 나보다 더 앞서 있었고, 결국 둘은 나중에 서울대 법대로 진학을 했다. 그때 우리 문과에서 최성만, 김기열이 서울대학교로 진학했고, 나는 전교 3등인가 4등으로 졸업하고 고려대학교 행정학과로 진학했다.

우리보다 6, 7년 선배 때인 80년대 초중반에 인성고는 서울대를 60명 이상 보냈고 연·고대로도 많은 진학을 시켰다. 내가 도시공공연구소를 하고 있는 안양 평촌에서 지역구를 두었던 안기영 전 도의원도 인성고 선배로 당시 고려대를 갔다. 안 선배와 광주의 고등학교 선후배로 안양에서 만나게 된 것도 각별한 인연이라면 인연인 것 같다.

경영학도를 꿈꾸었지만

사실 나는 고등학교 다니면서 행정학과에 갈 생각은 한 번도 해본적이 없었다. 성적이 나오니까 법대도 생각해 볼 수 있었으나, 법학은 체질적으로 맞지 않는 것 같았다. 고등학교 때 초지일관 내가 목표한 학과는 서울대 경영학과였다. 모의고사 때도 계속 서울대 경영학과를 썼다. 고등학교 때부터 나는 사업가 같은 '내 세계를 펼칠 수 있는 일'을 꿈꾸고 있었던 것 같다.

경영학은 내가 대학을 졸업한 후의 궤적만 봐도 일맥상통한다. 성장기 동안 우리 집이 번듯한 집 한 채 없이 어렵게 살았기 때문에 경영을 배워서 돈을 벌어야겠다는 야심 같은 것을 은밀히 품었던 것 같다.

중학교 때 선생님이 애들한테 꿈을 물어 볼 때 나는 대학교수라고 답한 적이 있다. 그땐 가르치는 선생님들의 모습이 좋아보였다. 이때까지만 해도 내 꿈은 현실에 물들지 않은 순수한 마음에서 우러난 것이었으리라. 그런데 고등학교에 가서는 서울대 경영학과는 꿈이 아닌 현실의 목표가 되었다. 그렇지만 이마저도 다른 현실에 의해 막판에 바뀌어버렸다.

살다보면 때론 내 의지와 상관없이 엉뚱하게 흐를 때가 있는데, 내가 막판에 고려대 행정학과로 가게 된 것이 딱 그 짝이었다. 내내 모의고사에서 서울대 경영학과를 썼는데, 고려대 행정학과를 쓴 것은 마지막에 원서 쓰면서 딱 처음 썼다. 그 전까지 나는 고려대 행정학과를 생각해 본적이 한 번도 없었다. 솔직히 경영학을 목표로 했으니 서울대가 안 되면 고려대학 경영학과를 생각해 볼 수도 있었으나 당시 내 점수에 비해서 고려대 경영학과의 커트라인이 상대적으로 낮았다. 그때 전교에서 10~20등 했던 친구들이 고려대 경영학과를 많이 갔다. 그런데 지금은 바뀌었다. 지금은 행정학과보다 경영학과가 더 세다고 한다.

계속 서울대 경영학과를 목표로 했었는데, 3학년 때 대입 원서를 쓸 때 선생님이 확신하기 어렵다며 눈높이를 낮춰보자고 하셨다. 모의고사에서 내내 서울대 경영학과 점수가 나왔지만 3학년 2학기 들어서며 슬럼프가 왔기 때문이었다. 공부가 하기 싫어지고, 점수가 떨어졌다.

나는 선생님의 권유로 서울대 경영학과를 포기하고 다른 과를 찾았다. 그런데 서울대에서는 낮추고 싶은 마음에 드는 과가 없었다. 결국 연·고대를 택해야 하는데 그 당시 느낌에 연세대는 싫었다. 뭐랄까, 샌님들 다니는 학교 같다는 선입견이 있었던 것 같다. 그래서 고려대를 선택하려고 하는데 아버지가 행정학과를 가라고 하셨다.

아버지는 행정학과 외에 내게 경찰대학도 권하셨다. 경찰대를 가면 장학금 혜택도 있거니와 졸업하자마자 경위로 임용되어 안정성을 담보할 수 있으니, 경찰대나 행정학을 전공해서 고시를 패스해 순탄한 삶을 살라는 바람이셨다. 그런 점에서 최종적으로 행정학과로 마음을 굳힌 것은 기실 아버지 때문이었다.

▲ 대학 입학식에서 아버지와

내가 철이 들 무렵부터였을 것이다. 아버지는 명절 때마다 나를 데리고 과일박스를 메고 여기저기 갖다 주었다. 그 과일박스는 아버지의 상사 집으로 배달해주는 것이었다. 그때 내가 봤을 때 그 상사는 아버지보다 연하였다. 나중에 생각한 일이지만 고시출신이어서 그랬던 것 같다. 아버지는 돌아오는 길에 넋두리처럼 이런 말씀을 하셨다.

"너는 꼭 고시 패스해서 나처럼 말단 근무는 하지 말아라."

그때 나는 아무 대답도 할 수 없었다. 그러면 아버지는 쓴 웃음을 지으며 한마디 덧붙였다.

"고시를 패스하면 바로 5급이여!"

어쨌거나 명절만 되면 과일박스를 멘 오십이 넘은 아버지가 삼십

대 중반의 상사한테 굽신대던 모습은 어린 마음에도 딱해보였다.

결국 나는 고등학교 때 목표와는 달리 막판에 행정학을 전공으로 택했다.

II
응답하라, 1989

내 개인적으로는 그동안의 방황이 정리가 되었다. 나태하지 않았나, 사치스
런 생각에 빠져있지 않았나, 하는 반성의 기회가 되었다.

잡히지 않는 마음

대학에 입학했지만 나는 공부에 전념하지는 못했다. 인사 조직이고 행정학 개론이고 과목 자체에 그다지 흥미를 못 느꼈다. 막상 대학에 들어와서 내가 왜 행정학을 공부해야 하는지 의문스러웠다.

지금 생각해보면 사춘기가 늦게 온 게 아닌가 하는 생각이 든다. 중·고등학교 때는 아버지와 어머니의 고생을 보며 다른 생각을 할 여지가 없었는데, 막상 대학에 와서 행정학 공부를 하려니 '내가 왜 아버지 때문에 여기 와서 이 고리타분한 공부를 해야 하나'라며 뒤늦게 아버지를 원망하는 마음까지 생길 정도였다.

나는 대학이라는 세계에서 학문만 추구하는 무미건조한 생활보다는 다양한 활동을 하고 싶었다. 그래서 이런저런 모임이나 활동에 참여해봤지만 마음이 쉽게 잡히는 것은 아니었다. 선배들 따라서 시위도 나가봤지만 적극적인 마음이 생기지 않았고 책읽기 모임에도 어울려 봤지만 녹아들지 못했다.

그런 내 마음을 사로잡은 게 딱 하나 있었는데, 그것은 태권도부 활동이었다. 3월 초 나는 캠퍼스에 뭐가 있나 하고 어슬렁대다가 사범대 뒤쪽으로 가게 되었다. 그때 임시 컨테이너 박스(가건물) 쪽에서 "얏! 얏! 으랏차!" 이런 기합소리가 났다. 뭔 소린가 하고 가보니 태권도부였다. 재밌겠다는 생각을 하며 기웃거리니 선배 하나가 "야, 너 이리와 봐!"라며 불렀다. 다가가니 "너 운동해봤냐?"라고 물어 "네, 조금 해봤습니다!" 하니 당장 입부 소속을 밟으라고 했다.

처음 운동에 참여한 날이 월요일이었을 것이다. 매주 월요일에 전체 집합을 해서 한 시간 정도 구보를 하기 때문이다. 맨발로 고대에서 출발해 뒤쪽의 기숙사 건물을 타고 뒷산을 넘어 성신여대 앞을 지나면서 여대 학생들 앞에서 폼 좀 잡고 오는 게 코스였다.

대학가 운동부의 폭력이 사회 문제가 된 적도 있지만 월요일은 항상 구보를 하고 이른바 '빳따'를 맞는 날이었다. 월요일에 전체 집합하면 무조건 구보를 먼저 하고 발차기를 몇 번 하다가 선배들이 꼭 무슨 꼬투리를 잡았다. 그리고 무조건 단체 빳따였다. 그것도 질서가 있었다. 먼저 주장이 바로 밑 주무에게 빳따질을 한다. 그러면 주무가 그 밑의 부주장과 우리 평부원에게 빳따질을 하는 것이다. 하여간 어떤 이유를 갖다 대서라도 빳따를 쳤는데, 이상하게 그것이 하나의 관행이랄까 전통처럼 내려왔고, 다들 그런 절차를 하나의 의례처럼 받아들였다.

빳따를 친 후에는 회식을 갔다. 학교 앞 막걸리 집에 가서 막걸리를 마시며 젓가락을 두드리며 노래를 부르면서 우리는 빳따에 대한 앙금은 어느새 깨끗이 씻었고 끈끈한 연대의식만 남았다. 운동하고, 빳따 맞고, 막걸리 마시고 헤어지는 게 일주일의 시작이었다.

마음을 잡지 못하고 수업은 흘러가는 대로 따라갔는데 1학년 신학기 초에 들어간 태권도부가 내게 유일한 돌파구였다. 가서 땀 흘리고, 빳따 맞고, 저녁에 막걸리 한 잔 하며 나는 뭔가 채워지지 않은 갈증을 풀었다.

그러나 태권도부 활동 외에 내 대학생활은 방황이었다. 세상에 대한 고민과 실존적인 고민이 뒤섞여 있었던 것 같다. 당시 과 독서모임에서 선배들의 권유로 리영희 선생의 '전환시대의 논리', '우상과 이성', 그리고 '껍데기를 벗고서', '다시 쓰는 한국현대사', '해방전후사의 인식' 이런 책들을 읽으며 충격을 받기도 했다. 특히 막심 고리키의 '어머니'를 가장 감명 깊게 읽었는데, 사회과학 서적을 읽으며 교과서를 통해 내가 알고 있던 사회구조와는 너무 달라 혼란스러웠다.

내가 고등학교 3학년 때 5공청문회가 있었다. 광주 진상을 밝힌다고 해서 선생님이 교실에서 TV를 틀어주어서 보게 되었는데, 역사라는 것이 얼마든지 왜곡되고 은폐될 수 있다는 것에 대해 치를 떨었던 기억이 난다. 또 광주라는 특성상 내 친구들 중에는 어렸을 때 자기 동네에서 사람이 죽는 것을 목격한 친구도 있었다.

내가 고려대학에 간다고 하니 친척들이 '고려대는 데모를 많이 한다는데 너는 절대 데모하지 말라'고 다짐을 받았다. 사실 1989년은 대학가 운동이 어느 정도 정리가 된 시점이다. 그 전 해에는 임수경 씨가 북한에도 갔다 오고 했지만 89년이면 이른바 학생운동의 정점

▲ 인성고등학교 동문인 고려대학교 동기들과 캠퍼스에서

이었던 386의 끝물이었다. 물론 1991년도에 강경대 치사사건으로 대학가가 또 한 번의 열풍에 휩싸였지만 나는 그때 대학에 없었다. 당시 노태우 퇴진운동 등 집회나 시위에 참가는 했지만, 내 성격 자체가 정치나 사회문제에 대해서 민감하게 받아들이지는 않았던 것 같다. 그러나 내가 평소에는 얌전하지만 한 번 화나면 무서운 성격이라 80년대 중반이었다면 골수 운동권이 되었을지도 모르겠다.

어쨌든 왜 공부를 해야 하는지에 대해 스스로 명확한 답변을 하지 못하며 나는 혼란스럽게 1학년을 지냈다. 학교도 잘 안 갔고 하숙집에서 하루 종일 빈둥거리거나 친구들 불러다가 술판을 벌이기도 했다. 그러다가 내린 답은 '이렇게 지내면 안 되겠다, 일단 군대를 갔다오자'는 것이었다. 2학년 1학기 마치고 입영 신청을 했는데 영장이 빨리 나왔다. 8월 14일 나는 군에 입대했다.

탈출구로 선택한 군 입대

1학년을 흘려보내고 2학년 올라가면서까지 마음을 잡지 못한 나는 '이렇게 학교생활을 하는 건 아닌 것 같다'는 자책감으로 정신을 차려야겠다는 생각을 하며 자원입대를 했다.

강원도 춘천 쪽에 있는 춘성 102보충대에 입대한 나는 22사단으로 자대 배치되었다. 옛날 '동경사(동해안경비사령부)'인 뇌종부대 육군 보병으로 근무를 했는데, 당시 태권도부 선배들이 해병대를 갔네, 특전사를 갔네, 해서 나도 이왕 군대생활을 할 바엔 빡센 데로 가고 싶다는 생각을 했다. 그런데 내가 시력이 별로 좋지 않았다. 원래 나는 중학교 때부터 안경을 끼었는데, 불편하다는 생각이 들어 2010년 무렵 라식수술을 했다.

어쨌든 그 당시 102보충대에서도 특전사 지원병을 몇 명 뽑았다. 당연히 그때 나도 지원을 하려했지만 시력 때문에 자격 자체가 안 되었던 것이다.

대개 입대하자마자 하는 신병교육 4주를 힘들어 하는데 사실 나는 신병교육에서부터 군대생활을 그리 힘들다는 생각을 하지 않고 보냈다. 그랬던 것은 입대 직전 나를 탈바꿈시켰다고 할 정도의 경험 탓도 있었다.

고려대 태권도부는 매년 여름마다 일주일동안 합숙훈련을 했다. 강원도 낙산에 있는 고려대학교 수련원에 가서 합숙훈련을 하는데 2박 3일은 설악산과 치악산 등을 타고, 3박 4일은 낙산해수욕장에서

▲ 혹한기 훈련 중의 군대 시절 / 뒷 줄 왼쪽이 나다

훈련을 받는 일주일 코스였다. 그 코스를 한번 다녀오면 사람이 달라 진다고 할 정도로 악명이 높았다. 해병대 출신 선배 등 독한 선배들 이 조교를 맡고 훈련강도가 상상을 초월할 정도이기 때문이었다. 텐 트치고 야영하며 산을 타는데, 요새처럼 제대로 된 등산화 없이 비 가 오면 우비 쓰고 2박 3일 동안 강행군을 하고 내려오면 다들 발바 닥에 물집이 잡혀 있고 제대로 걸을 수가 없는 상태가 된다.

내려오면 바늘로 물집을 땄다. 물집을 따면 구멍이 뽕뽕 나며 쓰라 렸는데, 또 집합을 할 땐 맨발로 집합을 한다. 아침에 일어나면 구보 부터 시작한다. 해변 백사장을 맨발로 뛰면 모래가 한 웅큼씩 물집 속에 박힌다. 바늘이나 이쑤시개를 찔러 모래를 다 빼고 나면 또 자 갈밭에 가서 PT(Physical Training·체력단련체조)를 시킨다.

수련원 마당에는 손가락 마디만한 작고 뾰족뾰족한 검은 자갈이 깔려 있다. 물집 터진 맨발로 평지도 걷기 힘든데 그 뾰족한 자갈을 밟으며 우리는 얼차려를 받고 PT를 한다. 물집 터진 발에 자갈이 박히면 처음에는 아프다가 나중에는 '그래, 네가 죽나 내가 죽나 한번 해보자' 이런 오기가 생기게 된다. 그때부터는 시쳇말로 대가리박기, 원산폭격에서부터 PT하고 구르고 빳따를 맞아도 차라리 고통을 모른다.

밤에는 모닥불 피워놓고 동그랗게 둘러앉아서 막걸리를 마시며 선배들이 헌팅을 시킨다. 일명 바닷가 가서 파트너 찾아오기다. 남자부원은 여자를, 여자부원은 남자를 데려와야 하는데 청춘의 치기이기도 하고, 시쳇말로 '남 앞에 안면도 좀 깔 줄 알아야 한다'는 뜻이 담긴 훈련이었던 것 같다.

그렇게 일주일 코스를 갔다 오면 사람이 달라진다. 다들 무슨 삼청교육대라도 갔다 온 것처럼 눈빛이 번득거린다. 일주일 만에 탈바꿈해서 오는 것이다. 긍정적이냐 아니냐를 떠나 느끼는 게 있다. 아마 자신감 같은 것이 아니었나 싶다. 그 악명 높은 훈련을 받으면 진절머리를 치거나 태권도부에 대해 회의감이 들 텐데 그 반대다. 고려대학 태권도부 출신들은 전통적으로 이 과정을 통해 더 강한 애착과 자부심이 생긴다고 한다.

어떻게 보면 '인간의 한계를 넘나들었기 때문에 세상에 못할게 없다', '그런 훈련도 버텼는데 더 힘든 게 뭐가 있나' 이런 생각과 함께 무엇보다 내 개인적으로는 그동안의 방황이 정리가 되었다. 나태하지 않았나, 사치스런 생각에 빠져있지 않았나, 하는 반성의 기회가 되었다.

나는 그 여름합숙이 끝나고 바로 입대했다. 1학기 끝나고 입영신청을 해놨는데 합숙 끝나고 오니 이미 집에 영장이 나와 있었다. 불과 일주일도 안 남아서 채 마음의 정리할 시간도 없이 입영했다. 입영할 때 나는 제대 후 공부도 열심히 하고 대학생활을 제대로 하겠다는 마음의 정리가 되어 있었다.

신병교육대에서 있었던 일이다. 군대 말로 세칭 '마에가리' 작대기 두 개 달고 있는 태권도 조교가 있었다. 그가 우리한테 태권도를 가르쳤는데 내가 보기엔 좀 엉성했다. 입대 전 공인 2단이고 유단자들은 신상명세서에 기록을 하기 때문에 나는 가끔 앞에 불려나가 훈련병들한테 기본적인 품세를 가르치기도 했다. 그런 어느 날 한번은 내무반 침상에 앉아 있는데 마에가리 작대기 두 개 조교가 들어왔다. 그때 내 자세가 좀 삐딱했던 모양이었다. 그는 내게 '몇 번 훈련병 이리와 봐'라며 불렀다. 앞에 가 서니 그는 자세가 불량하다며 나를 위압적인 기세로 몰아세웠다.

"야, 너 운동 좀 하다 왔다며?"

"네, 조금 했습니다."

"그래? 너 이리 나와 봐!"

그는 내무반 침상 사이 통로에서 한번 겨뤄보자고 했다. 지금 생각해도 좀 독특한 친구였는데, 그는 느닷없이 공격을 해왔다. 나는 그의 공격에 엉겁결에 자세를 취하며 뒤로 물러섰다. 계속 그의 공격을 피하고 막으며 물러서는데, 더 물러설 곳이 없게 되었다. 그런데도 그는 인정사정없이 공격을 해왔다. 개도 막다른 골목에 처하면 문다고, 나는 결국 몸을 날려 뒤차기를 했다. 그는 허점을 찔렸는지 그 한방에 나가떨어져 버렸다.

그때 나는 쫄아 있는 신병 입장인지라 그의 공격에 대응하지 않으면 계속 맞을 기세여서 뒤차기를 한 대 날릴 수밖에 없었다. 그는 곧바로 일어나 머쓱해져서 나갔다.

몇 달 후 나는 일병을 달았다. 사단에서 태권도 대회가 있어서 연대 대표로 뽑혀 선수단 대여섯과 연대에 갔다. 그런데 거기에 신병교육대 시절의 그 태권도 조교가 있었다. 그때 알게 되었는데, 그는 나와는 한 달 반밖에 차이가 나지 않는 바로 위 기수였다. 바로 내 위의 가장 졸병이었다. 그래서 그와 나는 같이 물주전자 심부름이나 했다. 우리는 옛날 얘기하면서 히물히물 웃었다. 그 이후로 그는 나를 괴롭히지 않았다.

얘기했듯 나는 초등학교 5학년부터 태권도를 배웠다. 5학년, 6학년

▼ **이등병 시절 내무반에서**

다니면서 1단을 따고 고등학교 졸업하면서 2단을 땄다. 3단은 고려대학 태권도부에서 활동할 때 땄다.

　무엇이든 처음 배울 때가 중요한데, 내가 처음 태권도 배울 때 관장님이 인성교육에 무척 힘썼던 것으로 기억한다. "태권도는 무술이 아니라 도다. 절대 이것으로 사람을 때리거나 싸워서는 안 된다"라고 강조하셨다. 또 "태권도를 배워 꼭 쓴다면 방어목적 정도로 써야 하고 운동을 하는 것은 심신을 단련하는 것"이라고 가르쳤다. 나는 어렸을 때 관장님의 가르침을 정석으로 받아들였다. 그렇기 때문에 태권도를 배웠다고 해서 한 번도 싸워본 적이 없다. 물론 군대에서처럼 방어하다 상대를 쓰러뜨린 일도 있긴 하지만 말이다.

닥트공장에서의 노동과 복학

　나는 별 어려움 없이 군 복무를 마치고 1993년 1월 28일 제대했다. 원래대로라면 3월에 복학을 했어야 했지만 나는 그 다음 학기인 9월에 복학을 했다.

　제대하고 6개월여 동안 나는 광주 집에서 지내며 막노동도 경험할 겸 용돈벌이도 할 겸 닥트공장에 다녔다. 그때 대학생이라는 것은 숨겼는데, 그 이유는 공장으로부터 어떤 선입견 없이 일하고 싶었고, 나 또한 철저히 그곳 노동자로 녹아들고 싶었기 때문이었다.

　닥트는 건물에 공기를 순환시키는 기능을 가진 양철로 된 관 설치를 말하는 것으로 건물 내부 천장에 철관으로 연결되어 있는 관을 통해 냉·온풍을 순환시키고 바깥으로 가스를 배출하는 것이다.

군에서 우연히 만난 초등학교 친구가 있었는데 그는 나보다 먼저 입대하고 먼저 제대했다. 제대 후 만나니 그는 "닥트공장에 다닌다"고 했다. 직공이 대여섯 정도 되는 작은 중소기업이었다. 그 친구의 소개로 닥트공으로 일을 하게 되었는데, 양철로 관을 만들고 건물에 설치하는 일이었다.

처음 내가 하는 일은 함석 자르는 일이었다. 그러면 숙련공이 관을 만들었고, 그 관을 트럭에 싣고 공사현장으로 가서 설치를 했다. 상당한 중노동이었다. 당시 관을 보온하는 일명 유리솜이라는 것이 있었다. 노란색에 까끌까끌한 스티로폼 같은 것이었는데, 지금은 발암물질이어서 절대 못 쓰게 하지만 당시는 관을 보온하기 위해 그것을 많이 썼다. 그 유리솜을 알루미늄 코일로 싸서 관을 싸는 것이다. 그 자체로 보온역할을 하게끔 하는 것이다.

그 공사를 하면 온 몸이 가렵고 까끌까끌했는데, 지금 생각하면 참 무식한 노동환경이었고 위험한 물질을 쓴 것이다. 일 하는 과정에서 유리가루가 엄청 날렸고, 무방비로 들이마시면서 일했기 때문이다. 그땐 몰랐지만 지금은 발암물질이 있다고 해서 못쓰게 할 정도니 참 끔찍한 일이다. 지금이야 환경기준을 정해 물질이나 생산 공장을 관리하지만 산업화과정에서 노동자들이 얼마나 무방비로 위험에 노출되었는지 짐작할 수 있는 것이다. 특히 제도적 관리에 잡히지 않는 사각지대, 작은 중소기업과 건설현장에서 일하는 노동자들이 더욱

심했을 것으로 짐작된다.

어쨌든 닥트를 설치할 때는 우선 목부터 컬컬하다. 그때 나는 삼겹살을 처음 먹어본 것 같다. 우리는 하루 일을 마치면 정육식당에 가서 삼겹살을 구워 소주를 마셨다. 소주 한 잔에 삼겹살 한 조각을 먹으면 실제 그런지는 몰라도 목이 싹 씻겨내려 가는 기분이었다. 옛날 탄가루를 마시며 일하는 광부들이 하루 일을 마치고 돼지고기를 먹었다는데, 우리가 그 짝이었다.

복학해야 했기 때문에 5개월여 정도만 했지만 닥트공 일은 나에게는 소중한 경험이었다. 물론 그 이전에도 나는 일용직인 이른바 '노가다'도 많이 뛰었다. 군대 가기 전 1학년 때 건설현장 가서 미장이나 벽돌 쌓는 일을 해서 일당으로 5만 원 정도를 받으며 아르바이트를 한 적도 많았다. 서민의 자식으로 부모님만 의지하며 학교에 다닐 수 없었고, 그런 노동을 통해 기층민중이랄까, 서민들의 삶을 알 수 있었다는 것은 내가 지금 고민하고 있는 '도시의 공공성', '함께 잘 살자'는 기치의 바탕이기도 하다.

그때 받은 월급으로 집의 냉장고와 식탁을 바꿔드렸다. 아버지가 당시 국도유지건설사무소 광주지사에 근무하셨고 고위 공무원은 아니었지만 근무연한이 높아 가정 형편이 크게 어렵지 않았다. 다만 그때 누나와 내가 대학생이어서 둘의 학자금을 대주시기엔 버거우셨던 것 같다. 회사에서 학자금 대출을 받아 학비를 대주셨기 때문이다. 내가 공부를 잘해서 장학금을 탄 것도 아니고 다른 친구들은 아르바이트를 해서 등록금을 마련하고 그랬는데, 나는 노가다 뛰어서 번

돈을 친구랑 술 먹고 노는데 다 썼다. 내가 벌어서 학교를 다녀야 할 정도로 어려운 실정은 아니었기 때문이었다.

군대를 갔다 와서 복학을 하니 '공부를 좀 해야겠다'는 생각이 들었고, 공부하는 방법도 눈에 보였다. 특히 진로와 미래에 대해서도 구체적으로 생각하기 시작했다. 아버지가 계속 행정고시 공부를 하라고 하시고, 나도 한때는 한 번 해볼까 싶었다.

관련 책도 사고 조금 해보았는데, 고시는 내 체질이 아니었다. 고시생은 당시 단과대 안에 있는 고시반에 들어가서 공부했는데, 한때 나도 들어갈 생각을 했지만 공무원 체질은 아니라는 결론을 내리고 그만두었다. 자유로운 일을 해보고 싶었고, 사람 만나는 것을 좋아하는 나한테는 기자가 맞을 것 같았다.

언론 쪽에 매력을 느낀 나는 언론고시 준비를 하기 시작했다. 3학년 때는 태권도부 주장을 하다 보니 빡세게 공부할 상황이 못 되었지만, 어쨌든 나는 방송기자나 신문기자를 목표로 준비를 해나갔다. 언론고시 스터디그룹을 만들어 주기적으로 모여 서로 정보도 교환하면서 공부를 했다. 94, 95, 96년 3년여 간 언론고시 공부를 하며 4학년이 되어 언론사의 채용공고가 나오는 대로 응시를 했다. 중앙일보, 동아일보 등 신문사와 KBS, SBS 등을 응시했는데 합격하지 못했다.

지금도 나는 가끔 그때 언론사에 들어갔으면 어떻게 살고 있을지 궁금하다.

도서관에서 우연히 만난 천사, 김혜일

나는 고려대학 시절에 소중한 한 사람을 만났다. 다름 아닌 나의 반려자 김혜일이다. 지금은 나의 아내가 된 김혜일은 나보다 고려대학교 3년 후배로 영어교육과 92학번이다.

혜일을 만난 때는 내가 94년 태권도부 주장을 할 때였다. 3학년 때였는데, 이제 복학해서 마음을 다 잡고 '공부 좀 하자'는 생각으로 학교 중앙도서관을 다니다가 우연히 만났다.

주로 내가 많이 갔던 데가 3층에 있는 7열람실이었다. 다른 열람실들은 개인 열람실들이 많아서 금세 자리가 찼는데 7열람실은 대여섯씩 앉는 자리도 있고 다른 열람실보다 가장 자리가 늦게 차서 나는 주로 7열람실을 이용했다.

어느 따뜻한 봄날 열람실에서 공부하던 나는 우연히 지나가는 한 여학생을 보게 되었다. 재킷을 입은 여학생이었는데, 순간적으로 천사가 나타났나 할 정도의 느낌으로 내게 다가왔다.

물론 나도 그동안 미팅도 나가보고 소개팅도 받아왔지만, 그다지 마음 가는 여학생이 없었고, 또 깊이 사귄 적도 없었다. 그런데 도서관에서 우연히 본 여학생한테 온통 정신이 빼앗겨 버렸고 그 날 이후 가슴앓이를 시작했다. 사귀었으면 좋겠다는 강한 열망으로 나는 계속 7열람실을 갔고, 그 여학생도 계속 7열람실을 이용했다. 나는 말을 걸어야겠다는 생각을 하며 계속 기회를 엿봤다. 그러나 여학생 앞에서 수줍음이 많은 나는 쉽게 말을 걸지 못하고 그녀 주위를 빙빙

돌며 많은 날을 애태워야 했다.

그러던 어느 날 그녀와 같은 수업을 듣게 되었다. 연극개론이었는데 대강당에서 하는 수업이었다. 번번이 말을 걸지 못하고 계속 기회를 엿보고 있었던 나는 그날 '오늘 같은 기회는 오지 않겠다'는 생각을 하며 단단히 마음을 먹었다. 수업이 끝나고 중앙도서관 앞으로 나와 그녀가 나오길 기다렸다. 5시쯤 되었을까. 마침내 그녀가 집에 가려는지 도서관을 나왔다. 그리고 대강당으로 가는 오솔길로 걸어갔다. 나는 쿵쿵거리는 가슴으로 그녀 뒤를 따랐다. 그 길을 우리는 다람쥐길이라고 했는데, 나는 그 길에서 다짜고짜 말을 걸었다.

"할 얘기가 있습니다!"

그녀는 의아해서 나의 얼굴을 쳐다봤다.

"차 한 잔 하죠."

의외로 그녀는 순순히 나를 따라왔다.

그 날 커피숍으로 가서 그녀에게 무슨 얘기를 했는지는 구체적으로 생각나지 않는다. 다만 그녀도 내가 싫지 않은 표정이었고, 다음에 또 만나기로 약속을 했고, 그 후로 계속 만남을 이어갈 수 있었다는 것이다. 그렇게 해서 연인이 되었고, 결혼까지 골인했는데, 나중에 들은 바로는 내가 그때 멋있게 보였다는 것이다.

지금은 몸이 불었지만, 당시 내가 태권도부 주장을 하고 있었기 때문에 운동으로 다져져서 스포츠머리에다 65kg의 날렵한 체격, 역삼각형으로 어깨가 딱 벌어져 남성미가 좀 있었던 모양이다. 내가 처음 말을 걸었을 때 혜일은 조금은 무섭기도 했지만 남자다운 모습이 호감이 갔다는 것이다.

그 날 이후로 주말 데이트도 하고, 서강대 캠퍼스에 함께 놀러갔던 기억도 난다. 하여간 우린 급속도로 가까워졌다. 혜일은 나보다 후배였지만, 내가 군에 갔다 복학하다보니 학년이 거의 같았다. 혜일은 당시 임용고시를 준비하고 있었다.

지금은 큰 처남이 크게 사업을 일으켰지만, 처갓집이 가정 형편이 썩 좋지 않아 당시 혜일은 과외 아르바이트를 두세 개씩 하면서 학비를 벌어 대학을 다니고 있었다.

그녀는 옥수동에 살았고, 나는 학교 앞에서 자취를 했는데, 내가 아침마다 6시에 도서관에 가서 혜일의 자리를 맡아주며 외조를 했다. 혜일은 열심히 공부했고 1996년 2월 정상적으로 졸업을 하며 그 동시에 임용고시에도 합격했다. 성적도 괜찮았는지 서울 신현중학교로 바로 발령이 났다.

나는 96년 8월에 졸업하여 12월에 취업을 했고, 우리는 1997년 12월 28일 결혼했다. 94년 봄에 만났으니까 4년여 만에 결혼을 하고 동반자의 길을 걷기 시작한 것이다.

III
모색과 성취

회사가 탈바꿈하기 위해서는 꼭 필요한 일이었고, 이 일을 내가 한번 돌파해보겠다는 결심이 생겼다.

뜻하지 않은 중소기업진흥공단 입사

　나는 1996년 8월 한 학기 늦게 일명 코스모스 졸업을 했다. 대학을 졸업하고 내가 들어간 직장은 중소기업진흥공단이었다. 그런데 이 중진공을 들어간 것은 전혀 의도하지 않았던 우연한 일이었다. 그 날도 MBC에 응시하기 위해 원서를 받으러 갔다. 그때 이두현이라는 과 친구와 같이 갔는데 여의도 MBC 대각선에 중소기업진흥공단이 있었기 때문에 그 친구는 중진공의 원서를 받아오기 위해서였다.

　MBC에서 원서를 먼저 받고 중소기업진흥공단으로 와서 원서를 받는데, 친구가 "온 김에 너도 하나 받아가"라고 했다. 그랬는데, MBC는 서류에서부터 안 되었고 중소기업진흥공단은 둘 다 서류전형을 통과했다. 그래서 면접을 보러 갔는데, 정작 친구는 면접을 못 갔던 것으로 기억한다. 결국 나는 되었고, 친구는 떨어졌는데, 운명이라는 게 참 묘한 것이다.

그 이두현은 지금 우리은행 부지점장으로 근무하고 있다. 그때 두현이와 둘이 똑같이 받은 원서가 중소기업진흥공단과 한일은행이었다. 둘 다 두 곳의 서류전형은 통과했지만, 두현이는 중소기업진흥공단은 떨어지고 한일은행은 합격했다. 그래서 두현이는 한일은행으로, 나는 중소기업진흥공단으로 간 것이다. 두현이는 나중에 한일은행이 합병되어 한빛은행, 또 우리은행으로 바뀌면서 근무하고 있는데, 승진도 빠르고 지금 아주 잘 나가고 있다.

한일은행에 원서를 낸 것은 두현이를 따라가다 그렇게 되었는데, 기실 나는 은행이라면 꼭 가고 싶은 곳이 산업은행이나 수출입은행 같은 국책은행이었다. 지금은 못 들어가서 난리지만 그 당시 나는 시중은행은 별로 마음이 안 갔다.

하여튼 친구 따라 강남 간다고 MBC 원서 받으러 갔다가 우연히 응시한 중소기업진흥공단에서 나는 사회의 첫 발을 내딛게 되었다. 지금도 기억이 생생하지만 발표마감 날 연락이 오지 않아 기대를 접고 잠자리에 드는데 밤 10시쯤 연락이 왔다. 그때 합격했다는 전화를 받고 무척 기분이 좋았던 것이 내심 가고 싶었던 것 같다.

중소기업진흥공단은 공기업으로 다들 잘되었다며 축하해주었다. 나 또한 일반 공무원 같은 관료성도 없고 대우도 괜찮다고 생각하며 긍정적으로 봤다. 의도한 것은 아니었지만 떡 본 김에 제사 지낸다고 이왕 중소기업진흥공단에 취업했으니 취약한 우리나라 중소기업 문제에 한번 부딪혀 보리라는 각오도 다졌다.

나는 고등학교 때부터 좀 막연했지만 나도 잘 되어야겠지만 공공선이랄까, 다 함께 잘 사는 것이 중요하고, 또 그렇게 기여할 수 있는 사람이 되고 싶다는 생각을 해왔다. 물론 공기업에서 한 개인이, 그것도 신입사원이 할 수 있는 일이라는 것은 한정된 것일 수밖에 없겠지만, 내게 주어진 역할 속에 최선을 다하며 보람을 찾겠다는 결심을 했다.

1996년 12월 16일부터 나는 여의도 중소기업진흥공단으로 출근을 시작했다. 내가 배치된 부서는 기금운영실이었다. 연수 받을 때 희망하는 부서를 써내라고 해서 써낸 몇 개 부서 중의 하나였다. 나는 중·고등학교 시절부터 다른 과목보다 수학을 좋아했고, 성적도 더 나았다. 숫자에 관심이 있었던 까닭에 기금운영실이 내 적성에 맞을 것 같았던 것이다. 기금운영실 산하에는 '기금운영팀', '대출관리팀', '창업보육팀', '회계팀' 등 4개 팀이 있었다. 나는 기금운영팀에 배치된

▼ 중소기업진흥공단 근무시절 동료들과

것이다. 당시 중소기업진흥공단의 전체 운영자금이 수조 원에 달했다. 내가 하는 업무는 매일매일 기금운용을 하기 위해 자금을 배정하는 것이었다.

기금운영은 말 그대로 중소기업을 지원하기 위해서 정부의 출현금도 받고, 중소기업진흥채권이라고 해서 채권도 발행한다. 그렇게 해서 기업에 지원을 해주게 되는데, 당시에는 은행을 통한 대리대출 한 가지 방법밖에 없었다. 그러니까 기업이 은행에 신청을 하면 우리 직원들이 나가서 이 업체에 지원을 해줘도 되는지 심사를 하는 것이다. 심사부는 따로 있었는데, 거기서 결정되면 우리가 이 자금을 은행에 주고, 그러면 은행에서 기업에 대출을 해주는 것이다. 나중에 회수할 때도 이런 역순환의 과정을 밟는다. 그렇지만 이 과정에서 사고가 나면 은행 책임은 없다. 중진공이 다 떠안는다. 은행은 단지 핸들링만 하는 것이다.

내가 입사할 무렵에는 이런 시스템이었는데, 나중에는 직접 대출을 하는 제도가 생겼다. 기업들이 직접 공단에 신청하면 공단의 여러 기구들이 심사를 하고 대출을 해주는 것이다. 이른바 직접대출인 것이다.

IMF구제금융사태 직전인 그때 국책은행까지 해서 우리나라에 은행이 33개 정도가 되었던 것으로 기억한다. 내가 했던 업무는 은행들에게 자금을 배정해주는 일이었다. 각 은행으로 들어온 신청액수를 취합하고, 자금을 분배해주고, 지원할 자금을 만들기 위해 채권을 발행해서 주관사를 선정하는 업무 등이었다.

이때 나는 사회의 비즈니스 관계를 많이 경험했다. 당시는 IMF사태

전후로 금리가 세다보니 은행이나 증권사에게 있어 자금을 핸들링해주는 우리 중소기업진흥공단은 '갑' 같은 존재였다. 그런 까닭에 은행이나 증권사를 방문할 때마다 칙사 대접을 받았다. 나름 재미도 느꼈지만, 그런 사회생활이 잘 적응되지 않았다. 그러면서 우리나라 중소기업 육성하는데 나름의 역할을 하겠다는 입사할 때의 내심의 기대도 하나하나 접었다. 사회라는 데가 학교에서 배우는 교과서 같은 원리로 작동하는 데가 아니었다.

이상과 현실사이에서

2년여간 기금운영팀에 있다가 나는 그 옆 부서인 대출관리팀으로 옮기게 되었다. 대출관리팀의 주 업무는 대출금을 사후관리 하는 일이었다. 사후관리 중에서도 주로 사고 터진 것들을 해결하는 업무였다. 연체되어 있는 회사를 찾아가 기업주를 만나 상담하고, 부도가 나면 잔여재산을 처분하고, 또 채권회수를 하기 위해 시설자금으로 나간 리스물건을 경매하고 처분하는 일이었다.

대출관리팀에 있다 보니까 수많은 사고기업 리스트들이 전국 각 지부에서 올라왔다. 기본적으로 각 지부에서 관리하지만 그 기업이 불능상태까지 갔다 싶으면 우리 본부 직원이 출장을 갔다. 출장 가서 기업주를 만나 얘기를 나누면 '봐 달라'거나, '조금 더 지원을 해달라'거나, 속된 말로 죽는 얘기만 들어야 했다. 그러나 하다하다 더 지원이 힘들다는 판단이 서면 잔여재산 처분에 들어가게 된다. 그때는 나도 참 마음이 불편했다. 중소기업을 지원해주어야 한다는 책무와 국민의 세금이 손실되어서는 안 된다는 경계 사이에서 자괴감이 들었다.

당시 국정감사에서의 경험도 자괴감이 들긴 마찬가지였다. 중소기업진흥공단은 국정감사를 받는 기관이다. 하루 꼬박 국정감사를 받기 때문에 중진공은 8월부터 준비를 한다. 이때부터 의원실에서 서면질문이 오다가 10월부터는 엄청난 자료요청이 들어온다. 우리는 국감 2주 전부터 초긴장 상태로 준비를 하는데 막상 국감이 열려 가보면 반쯤 자리가 비어 있는 경우도 있고 옆방에서 쉬고 있는 의원도 있었다.

우리가 국감장에서 가장 많이 받는 질문은 '중소기업에 대한 지원을 강화하라'는 것과 '부실을 최소화하라'는 것이다. 이것이 매년 빠지지 않는 단골메뉴인데, 이는 어떻게 보면 두 마리 토끼를 다 잡으라는 셈이다. '지원을 많이 하되 손실은 줄여라.' 정치하는 사람들이 가장 앞세우는 레퍼토리다. 정치인들의 질의가 타당성이 없는 것은 아니나, 지원을 많이 안 했다고 터지고, 부실하다고 터지는데, 기실 부실을 최소화하려다 보면 지원이 경직될 수밖에 없다. 어쨌든 우리도 공기업이고, 공무원이라는 것은 긁어 부스럼 만드는 일은 꺼리는 사람들이다.

이런 모순의 구조 속에서 입사 당시의 나의 각오는 둔감해졌고, 원만한 결론을 상정하는 안주에 길들여지고 있었다. 사실 사회생활이라는 것은 그런 속성에 녹아드는 일인지도 모른다. 어쨌든 나는 3년,

4년 차를 지내면서 점점 날개가 퇴화되고 있는 새, 꿈을 꿀 수 없는 존재가 되어가고 있다는 두려운 마음이 들었다. 조직의 틀 속에 내가 기계적으로 소모되고 있는 존재밖에 안 된다는 생각이 들기 시작한 것이다.

나는 2000년 8월 사직서를 냈다. 4년이 조금 안 되는 만 3년 8개월만이었다. 애초 평생 근무할거라고 확신하지는 않았지만, 생각보다 빨랐다. 사실 내가 안주하려 했다면 중소기업진흥공단은 정년이 보장되고 안정적인 직장이었다. 실제 내 동기들 44명 중 35명 정도가 지금도 근무하고 있는데 나 같은 별종이나 그렇지 그만두어야 할 이유가 있는 직장은 아니다. 내 동기들은 지금 부장급에 연봉도 1억 가까이 된다.

그러나 그곳도 우리 사회의 축소판이었다. 고대라인이다, 성대라인이다, 중대라인이다, 해서 학연주의가 만연했다. 중소기업진흥공단이 1978년에 설립되었는데 초창기에는 고려대 출신이 가장 많았던 것 같다. 그 초창기 멤버들이 이사급, 부장급이었고 나도 선배들로부터 눈에 안 보이는 도움을 받았던 것도 사실이다. 선배들 라인이 빵빵했으니 근무하기에 나쁜 조건은 아니었지만 나는 그런 것들이 마냥 좋은 것은 아니라고 생각했다.

승진 떨어지면 몇 주 동안 울상이고 누구 찾아가서 부탁하네 마네 하는 것이 나한테는 상처가 됐다. 중진공이라는 공기업을 택하면서 나는 뜻있는 중소기업을 찾고 지원을 해주어 기회를 줘야 한다는 책무 같은 게 있었다. 내 힘이 어디까지 될지는 모르겠지만 주어진 여건

중소기업진흥공단 근무시절 취미활동으로 한 그룹사운드 멤버들과

에서 최선을 다 하자는 것이었는데 조직문화에서부터 그런 기대가 무너졌던 것이다. 선배들을 보니 중소기업을 돌보는 일에 열정을 보이기보다는 진급이나 출세에 더 관심 있어 보였다. 어떻게 보면 어려운 사람에게 도움을 줄 수 있어서 보람을 느낄 수 있는 기관인데, 보신주의에 빠져있는 조직 문화를 보며 나는 적잖이 당황했다. 이것이 내가 그만 둔 첫 번째 이유다.

두 번째는 부장급 직원들을 보면서 느낀 자괴감 때문이었다. 나보다 10살 정도 많은 그분들은 10년 후 내 모습이었다. 그것이 소름끼쳤다.

'내가 10년 후에 저 자리에서 저 상사처럼 지낸다?'

'저 상사의 모습은 내 삶이 아니잖는가?'

특정인, 간부직원 개인을 평가절하 하는 게 아니다. 사실 사회인으로 탈바꿈되는 시기를 견디지 못한 내가 패배자인지도 모른다. 그때 3, 4년차 되면서 나뿐만 아니라 많은 동기들이 갈등을 겪었고 적성에 맞지 않는 동료들은 사기업으로 가거나, 고시공부를 해서 공무원에 도전하기도 했다. 그 시기는 나뿐만 아니라 다들 사회인으로 탈바꿈하는데 있어 분수령인 것 같다. 그렇지만 어떤 식으로든 돌파는 해야 하고 어떤 결정을 하든 사회라는 속성에서 자유로울 수는 없을 것이다.

내가 3년 8개월 근무할 무렵 결단을 내리는 계기가 하나 있었다. 기획조정실이 있었는데, 빡세기로 유명한 부서였다. 총괄에, 예산에, 국정감사를 관장하며 날밤 새는 부서였다. 대신 그만큼 권한이 있는 부서였고, 그곳을 거치면 승진이 보장되었다. 당시 인사를 담당하는 부서에 있는 동문 선배가 인사이동을 앞두고 내게 그곳으로 지원해볼 것을 추천했다. 선배가 나를 생각해서 권유한 것일 텐데 오히려 그로 말미암아 좀 더 빨리 결단을 했다. 더 좋은 곳으로 가면 나 자신이 그 출세주의 경쟁에 뛰어들어 헤어나오지 못할 것 같다는 생각이 들었던 것이다.

승진이 보장되니 그곳에 뼈를 묻을 생각을 해야 할 것 같았다. 그러면 꿈을 접어야 하고, 영혼이 자유롭지 못할 거라는 생각이 들었다. 그때 중진공에 남아서 승진하면서 있느냐, 다른 선택을 하느냐는 선악의 문제는 아니다. 다만 내 성격 상 승진이 보장되어 있다고 하더라도 견디기 어려웠을 것이고, 다른 꿈을 꾸었을 뿐이기 때문이다.

성골 부서랄 수 있는 기획조정실 추천이 내가 결단할 타이밍이었다. 그때 선배의 말에 따랐다면 아마 나는 지금 중진공에 있을 것이다. 부장급에 연봉 1억 가까운 대우도 받고 있을 것이다. 그러나 지금보다 행복했을 거라는 생각은 들지 않는다.

시베리아 벌판으로

막상 중소기업진흥공단을 그만두고 나오니 시베리아 벌판이었다. 다른 일자리를 준비해서 그만 둔 것이 아니었기 때문에 두렵기도 했다. 나의 꿈이 무엇이든 나는 한 가정의 가장이었고 기본적으로 그 책임은 다 해야 했다. 그때 내가 택한 회사는 작은 경매전문 회사인 태인컨설팅이었다.

중진공에 있을 때 내가 대출부서에서 시설, 장비리스 공매업무를 하다 보니 경매에 대한 전문적 지식이 필요했다. 그때 책도 보고 독학을 하다가 동국대학교 경영대학원이 개설한 경매관리과정에 들어가 공부도 했었다. 그래서였는지 새 직장을 찾으며 경매컨설팅 회사에 구미가 당겼고 당시는 마침 경매 붐이 불던 시기이기도 했다. 지금은 컨설팅이라는 것이 심지어는 사기와 관련된 용어로 회자되기도 하지만 그때만 해도 컨설팅 회사라고 하면 뭔가 샤프해 보였다. 그런데 막상 가서보니까 그 경매회사는 전혀 샤프하지 않았다. 4대 보험이 적용되는 정규직도 아니고 말 그대로 자기가 한 만큼 보수를 받는 실적제였다. 그럼에도 내가 그 회사를 다녔던 것은 그 경험을 통해 내가 독립할 수 있는 자양분으로 삼을 수 있다는 생각 때문이기도 했다.

태인컨설팅에서 6개월 여 근무하면서 나는 세상이 만만치 않다는 것을 처절히 절감했다. 6개월 동안 나는 낭인에 가까운 생활을 했다. 자유는 있었지만 생활보장은 전혀 안 되는 회사였기 때문이다.

차가 있었지만 거의 걸어 다녔다. 아침부터 저녁까지 걸어 다니니

구두 닳는 것이 눈에 띌 정도였다. 고생이야 각오했지만 문제는 실적 올리는 것이 쉽지 않다는 것이었다. 의뢰인 설득해서 물건에 입찰시키기까지도 힘들었지만 입찰했다고 하더라도 낙찰 받는 것도 쉬운 일이 아니었기 때문이다. 누구보다 열심히 했지만 6개월여 동안 나는 수입이 거의 없었다.

수입이 없다는 것보다 더 괴로운 것은 마치 내가 영혼을 파는 것처럼 느껴졌기 때문이었다. 실적을 올리기 위해 과장과 가식의 모습을 하고 있는 나를 발견했던 것이다. 지금처럼 스마트폰이 있는 것도 아니고 지도 찾아 가면서 경매 물건 소재지를 찾아가 현장답사 하고 의뢰인들 모집해서 보여주고 물건 분석해서 입찰 들어가고 하는 과정이 육체적으로도 힘들었지만, 업무의 특성상 100% 진실성을 담보하기 어렵다는 것이 나의 마음을 괴롭혔다.

내가 수입을 얻기 위해서는 의뢰인을 모집할 때 조건을 부풀리기도 하고 낙찰 받게 하기 위해서 높은 가격을 쓰게끔 유도해야 한다. 그러나 그렇게 해서 낙찰 받게 하면 의뢰인이 금전적으로 피해를 보거나 시장에서 물건을 사는 경우보다도 오히려 더 좋지 않은 조건으로 사게 될 수도 있다. 또 경매는 물건만 산다고 끝나는 것이 아니다. 기존에 살고 있던 세입자나 주인을 내보내면서 추가적인 비용이 발생할 수 있다. 그것을 알면서 무조건적으로 낙찰시키려고 할 수는 없었다. 상사로부터 "자네 그렇게 해서 언제 낙찰시킬 건가. 어느 세월에 성사 시키나"라는 질책을 들으며 나는 번민했다.

하루 종일 걸어 다니다 집에 들어온 어느 날 나의 눈에서 눈물이

주르륵 났다. '그 좋은 직장을 그만두고 내가 왜 이 고생을 하는가'라는 내 스스로에 대한 비애감과 아내한테 미안한 마음이 뒤범벅이 되어서였다. '내일은 또 어디가고 누구를 만나 무슨 얘기를 하나?'라는 막막한 생각도 들었다.

그때가 내 인생에서 가장 절망적이었던 때가 아니었나 싶다. 어쨌든 부모님이 도와주셔서 대학을 다녔고, 대학을 나와서는 안정된 직장생활을 했는데, 하루아침에 백수건달이나 다름없는 처지가 된 것이었다. 4대 보험도 되지 않았고, 재직증명서를 떼어봐도 나오지도 않는 투명인간 같은 신분일 따름이었다. 결국 나는 6개월여 만에 스탠더드텔레콤이라는 휴대폰 만드는 회사로 옮겼다.

회사가 안양에 있었는데, 서울 도봉구에 살던 내가 안양에 거주하게 된 동기도 이 회사에 재직하게 되면서였다. 스탠더드텔레콤은 닉소(NIXXO)라는 삐삐를 만드는 회사로 유명했고, 삐삐가 퇴조하면서 PCS폰을 만들었다. 코스닥회사로 250여 명의 직원에 한때 매출이 2500억이 될 정도로 전도유망한 중소기업이었다.

나는 자금팀 대리 직책으로 이 회사에 들어갔는데, 당시 자금팀 부장으로 계시던 대학 태권도부 선배가 불러서였다. 대기업보다는 대우가 약했지만 결코 나쁘지 않은 조건이었다.

스탠더드텔레콤은 2003년 부도가 났는데 지금 생각하면 참 아쉬움이 많은 회사다. 핸드폰 완제품을 생산하는 기술력을 가진 회사로 2500억까지 매출을 올리던 회사가 2003년 하루아침에 부도가 났다. 당시 PCS폰을 만드는 회사들의 주력은 수출이었는데 그때부터 중국에서 치고 올라오며 단가 경쟁에서 당해낼 수가 없는 지경이 되었기 때문이었다. 당시 PCS폰으로 텔슨전자, 팬택, 세원텔레콤, 브이케이, 그리고 우리 스탠더드텔레콤 등 다섯 회사가 비슷한 규모로 어깨를 나란히 하며 경쟁을 했다.

그러나 중국이 국제시장에서 저가를 무기로 경쟁에 뛰어들며 그 파급력은 엄청났다. 국내 PCS폰 업체들의 연쇄적인 부도로 귀결되었기 때문이다. 텔슨, 세원, 그리고 우리 스탠더드텔레콤, 브이케이가 차례로 넘어졌다. 내수력이 있었던 팬택은 살아남았지만 계속 주사를 맞으며 연명해오다 최근 법정관리에 들어간 것을 보면 결국 다 살아남지 못하고 만 것이다.

우리 회사는 당시 동남아와 중국에 수출을 했다. 그런데 중국에서 PCS폰이 급격히 성장하며 우리 단가 이하로 공급을 하면서 더 이상 버티지 못하고 하루아침에 와르르 무너져 버렸던 것이다.

당시 대기업인 LG전자 휴대폰 사업부도 거의 부도 직전까지 갔던 것으로 기억한다. 그러나 LG는 자금력이 있으니 그 파고를 극복할 수 있었고 삼성 애니콜, 팬택과 함께 3개 업체로 정리되었던 것이다.

2003년 3월 부도가 났지만 나는 회사가 완전히 정리되는 8월말까지 최선을 다했다.

부도가 나자 연구진들은 LG나 삼성으로 스카우트 되어서 갔다. 영업직들 또한 다른 업체로 살길 찾아서 갔다. 다 빠져나가고 최종적으로 자금팀만 남았다. 급여도 제대로 못 받았지만 나는 그때 내 개인의 살길은 조금 미루더라도 재무팀의 일원으로 회사가 최종적으로 정리될 때까지 소임을 다 하는 것이 도리라고 생각했다. 나를 끌어준 선배와 함께 마지막까지 남아 화의신청을 하고 법정관리를 밟았다. 법정관리 신청은 부결이 되었고 결국 스탠더드텔레콤은 2003년 8월 말 청산결정으로 최종 정리되었다. 실질적인 실무를 맡아 청산절차를 처리한 나의 기분은 그때 씁쓸하다 못해 희한했다. 내가 오너도 아니건만 쓰러진 회사를 정리하는 처지는 착잡했고 일절 친구들과의 만남도 피할 정도로 우울했다.

어차피 들어갈 때 안주하거나 보장되리라는 기대보다는 내가 가고자 하는 목적지의 한 과정이라고 생각했었다. 하지만 나는 채 준비도 없이 황량한 벌판에 내던져진 것이었다.

안주보다는 부단한 모색으로

나는 그 후 명동 사보이호텔로 유명한 신성무역에 입사했다. 해방 직후만 하더라도 호텔 하면 반도와 사보이였고, 한때 조직폭력배들의 싸움인 칼부림사건으로 회자되기도 했다. 기업으로서 사보이호텔은 해방 전에 대한민국 3대 기업에 들었다고 할 정도로 시쳇말로 왕년엔 잘 나갔던 기업이었다.

내가 신성무역으로 가게 된 것은 최상원 변호사의 주선에 의해서였다. 최 변호사는 내가 2002년 3월 한양대 경영대학원에 진학해서 동기로 만나 교유한 분이었다.

그런데 사실 나는 최 변호사의 주선 이전에 코오롱건설 경력사원 모집에 응시해 합격을 한 상태였다. 스탠더드텔레콤의 청산절차가 끝난 후 나는 심신이 지쳐 쉬고 있다가 코오롱건설 채용공고를 보게 되었다. 그때 나는 두 가지 점에서 마음이 끌렸다. 그동안 두 중소기업에서 치인 탓에 대기업이라는 것과 회사가 집과 가까운 과천에 있다는 것이었다. 큰 기대를 하지 않고 한번 지원해보자는 가벼운 마음으로 응시를 했는데, 최종적으로 합격이 되었다.

9월 1일부터 출근을 하라는 통보를 받아놓고 스탠더드텔레콤에서의 지친 마음을 씻어내고 새 출발을 하려고 가족들과 강원도로 여름휴가 겸 여행을 갔다. 한참 휴가를 즐기고 있는데 최 변호사한테 전화가 왔다. 취업 문제를 어떻게 할 거냐고 물어와 코오롱건설에 합격해 출근 날짜도 잡혔다고 하니 최 변호사는 일단 만나자고 했다.

서울로 돌아와 만나니 최 변호사는 자기가 아는 회사가 있는데, 회사는 건실하지만 체계가 없어서 박 후배가 가서 도와주면 좋겠다는 것이었다. 그 회사가 사보이었다. 스토리를 들어보니 선친 때부터 물려받은 자산이 많았는데, 최 변호사는 경영을 맡은 2세들이 경험이 적어 걱정이라며 내가 가서 조력해주기를 원했다.

사실 사보이호텔, 신성무역, 사보이F&B, 창동역사 등 계열사들이 10개가 넘었는데, 경영자인 조현식, 조성식 두 형제가 나이가 어렸다. 조현식 사장은 나보다 두 살이 많았지만 조성식 사장은 나와 동갑이었다.

2003년이면 내가 서른넷이었는데 최 변호사로부터 그 얘기를 들으니 승부욕 같은 것이 발동했다. '아, 여기 가서 제대로 회사 한번 만들어 볼까?'라는 야심 같은 것이었다. 대기업이라서 코오롱을 지원한 측면이 있었지만, 그때는 또 내가 대기업 가려고 중진공을 박차고 나온 것은 아니지 않나라는 생각도 치고 들어왔다. 사람의 마음이 간사한 거지만 기실 내 마음 속에 사보이로 가고 싶었던 욕구가 강했던 것이다.

나는 최 변호사와 만나고 와서 코오롱의 인사담당자한테 '죄송합니다. 저를 뽑아주셔서 감사하지만 사정이 생겨서 못 갈 것 같습니다'라는 정중한 사과메일을 보내고 사보이로 유턴했다. 나는 사보이 본사인 신성무역의 기획팀장 겸 차장으로 갔다. 내 위로는 이사와 사장만 있었으니 꽤 높은 직책으로 스카우트 된 것이다. 그때 신성무역은 광진구 자양동에 있었는데 상장사로서 계열사 등 전체 회사를 컨트롤했다. 나는 전체 계열사의 기획에서부터 자금관리, 벌려놓은 프로젝트 업무를 맡았다.

처음 내가 맡은 업무는 창동역사를 민자역사로 하는 프로젝트 파이낸싱 하는 것부터 외식사업부인 F&B를 정상화시키는 것이었다. 실제 내가 가서 보니 상장사는 껍데기였다. 적대적 M&A로 인수한 무역회사였지만 핑퐁 쳐서 매출을 만드는 상태였다. 오너 일가가 어려서 그런지 신뢰성 없는 사람이 들락거리기도 하고 경영체계도 어수선했다.

그때 나는 명동에 있는 사보이호텔에 대한 매각과 대출업무를 리먼브라더스와 작업을 하기도 했는데 당시 신성무역의 경영은 주로 M&A였다. 오너 일가가 계속 회사를 사고파는 경영전략을 구사했고, 나의 주 업무는 인수할 물건 스크린 하고 인수를 시도하는 M&A와 관련된 일이었다. 결국 나의 마지막 업무는 상장사인 신성무역(후일 사보이로 개명)마저 매각하는 일이었다. 오너가 경영전략으로 팔겠다는 방침이니 나로서는 어쩔 수 없는 일이었다.

결국 내가 몸담던 모회사마저 매각되었고, 더 이상 내가 머물러야 할 이유도 상실되었다. 2005년 3월 나는 미련 없이 사보이를 나왔다. 이번에는 자의보다는 타의에 의한 결과였다. 결과적으로 코오롱을 간 것보다 나쁜 선택일 수는 있었으나 후회는 없었다. 내가 중진공을 그만 둔 이유는 안정된 직장에서 안주하기 위한 것은 아니었으니까. 또한 나는 그런 과정 속에서 발전하고 있었다고 믿는다.

중개무역 회사인 〈굿맨상사〉로

2005년 4월 초 나는 〈굿맨상사〉에 들어갔다. 굿맨상사는 처남, 아내의 큰오빠가 오너였다. 아내 형제들이 3남 1녀인데 그 중에 가장 큰 형님이 경영하는 회사였던 것이다.

굿맨상사는 90년대 초반 자본금 5천만 원으로 설립하며 작은 회사로 출발했지만 내가 근무할 때쯤엔 국제 중개무역을 하며 꽤 큰 규모의 매출을 올리는 회사로 자리를 잡고 있었다. 흔히 말하는 '바잉오피스'라고 하는 중개무역인데, 제품 생산은 동남아에서 하고 영국 등의 큰 리테일샵에 물건을 대주는 것이다. 즉 바이어에게 오더를 받아 동남아의 생산 공장에 오더플레이스를 하는 것이다.

물건이 현장에서 바로 바이어한테 가는데 굿맨상사는 이 모든 과정을 컨트롤 했다. Q.C(Quality Control)라고 해서 제품의 품질관리도 해주고, 오더내릴 때 디자인 등을 협업하며 전 공정을 관리해주고 최종적으로 선적한 금액의 일부분을 수수료로 받는 중개무역업인 것이다. 굿맨상사가 바잉오피스라고 일반 오퍼상과 다른 것은 수입은 하지 않는 무역상이라는 것이다. 바이어와 물건을 만드는 공장의 가운데에서 양쪽을 중개하는 것이다.

오더를 굿맨이 받고, 물건 생산주문도 굿맨이 하기 때문에 바이어가 원하는 스펙이나 조건을 잘 맞출 수 있는 공장을 찾는 것도 굿맨의 주 업무였다. 공장은 주로 중국, 방글라데시, 스리랑카, 베트남 등 제3국이었는데, 그곳이 인건비가 싸서 단가 맞추기가 쉽기 때문이다. 적당한 생산 공장을 찾으면 바이어에게 가격제시를 하고, 협상 끝에 합의가 이루어지면 오더가 떨어진다. 그러면서 생산과정에서부터 납품까지 모든 과정을 굿맨이 컨트롤 하는 것이다.

오너가 가족이니 굿맨상사에 입사하기 전부터 나는 회사 사정을 알고 있었고, 그 전부터 오라는 처남의 뜻이 있었으나 내가 다른 일을 해 보겠다며 유보를 하고 있었는데, 사보이를 그만두면서는 그 기회에 처남회사로 가서 일하는 것도 괜찮겠다는 생각이 들었다. 특히 무역회사이니 그동안 내가 경험한 것들을 펼칠 기회도 될 것 같았다.

나는 사보이까지의 경험을 통해 같이 먹고살자는 뜻을 갖고 있으면 사업가고, 자기 혼자 먹고 사는 것에 급급하면 장사꾼이라는 생각이 들었다.

내가 갔을 때 굿맨상사는 3국간의 중개무역을 통해 1억불(천억)규모의 거래를 하고 있었다. 선적(FOB)기준으로는 1억불이지만 매출은 퍼센트로 계산하는 거니 수수료 5% 해봐야 50억 정도밖에는 안됐다.

나는 굿맨상사에 관리사업부로 들어갔다. 굿맨상사는 외국과 거래를 하기 때문에 업무대화를 거의 영어로 했다. 직원들 이름도, 부서 이름도 다 영어였는데, 내가 소속된 부서는 어드미니스트레이션이라고 불렀다.

내가 들어갈 때 굿맨상사를 무역회사로 전환을 해보자라는 오너의 뜻이 있었다. 중개무역만 하고 수수료를 받는 경영방식에서 오더를 받고 직접 오더를 뿌리는 방식, 그럼으로써 직접 수입도 하고 납품도 하는 무역회사로 체제를 전환하자는 것이었다. 그것은 직접 구매할 자금력을 갖추어야 하는 것이고 사업이 금융거래 시스템을 포괄하게 되는 것을 의미하는 것이었다. 기존의 중개무역은 수수료 이외의 이윤을 취하기가 어렵지만 직접무역은 금융을 일으켜서 이윤이 대폭 확장되는 것이다.

그런데 굿맨상사를 무역회사로 전환하려고 하니 자본금이 5천만 원인데다 제품에 대한 재고자산이 전혀 없다는 것이 문제였다. 바이어한테 직접 물건이 다 가버리니 실제 자산에 잡히는 담보가 없는 것이다. 회사가 무역금융을 일으키려면 최소한 200~300억 정도의 자본금이 있어야 하는데 자금력에 있어서 자격요건이 안 되는 것이었다. 따라서 직접 무역회사로 전환하기 위해서는 이 문제를 해결하는 것이 당면과제가 되었다.

당시 직접무역을 통한 거래를 하기 위해서 필요한 자금을 추산해 보니 얼추 300억 정도가 되었다. 300억의 자금을 갑자기 어디서 마련할 길은 없었다. 그러나 회사가 탈바꿈하기 위해서는 꼭 필요한 일 이었고, 이 일을 내가 한번 돌파해보겠다는 결심이 생겼다.

내가 중소기업진흥공단, 스탠더드텔레콤, 사보이에서 주로 기금, 또 는 자금을 핸들링 하는 일을 해왔기 때문에 금융시스템을 많이 알고 있었고, 이에 따른 금융기법으로 한번 부닥쳐보자는 심산이었다. 그 러나 아무리 설명을 해도 국내 은행들은 담보를 요구했다. 담보는 없 고, 회사 잔고는 10~20억이 전부인 상태인지라 사업계획과 회사의 신용만을 강조할 수밖에 없었는데 국내 은행들한테는 전혀 먹혀들지 않았다. 내 인맥을 다 동원하고 시중은행에 있는 친지들을 다 만나봤 지만 돌아오는 대답은 다 'NO'였다.

결국 오너는 "국내 금융시스템은 담보 없이 어렵다. 차라리 해외로 가서 금융을 일으키는 게 어떻겠느냐"라고 했다. 그런 결론에 의해 내가 홍콩으로 출장을 갔다. 물론 그 전에 이메일을 통해 사전에 의 견과 약속을 조율했고, 나는 HSBC은행, 바클레이스은행, 시티은행, 스탠다드차다드 등 홍콩에 본점을 두고 있는 다국적 해외은행들의 본점을 찾아갔다.

나는 사전에 치밀히 준비해 간 프레젠테이션을 통해 굿맨상사의 사 업취지와 거래관계 등을 설명하고 금융거래를 요청했다. 나의 열정이 그들을 움직였는지, 해외은행의 생각이 진취적이어서 그랬는지는 모르 겠지만 그들은 달랐다. 관심을 보였고, 국내처럼 담보를 처음부터 요구하지 않았다. 그들은 확실한 거래관계와 경영의 투명성을 따졌다. 그러나 우리의 가능성은 봤지만, 그들이라고 해서 처음 보는 우리에게 금융을 열어주겠다고 할리는 만무한 것이었다.

고기가 물 만난 듯

나는 해외은행이 본 우리의 가능성과 관심을 토대로 국내 은행들을 다시 만났다. 영업을 다시 한 것이다.

"내가 해외 나가서 얘기를 하니 해외 은행들은 많은 관심을 보였고 이런 거래관계에 대해서 군이 담보부터 요구하지 않았습니다!"

"그런데 국내 은행들은 왜 그렇게 고정관념의 틀에서만 보려 하느냐"며 다시 설득을 해나갔다. 그때 한 곳에서 공감을 해주었다. 논현동의 신한은행 기업금융지점이었다. 그곳엔 마침 한양대 경영대학원에서 동문수학한 동기가 부지점장으로 계셨다. 그 분은 그동안 나와 가졌던 인간관계를 통해 '박용진이라는 사람이 사기 칠 사람은 아니다'라고 판단했던 것 같다. 부지점장의 관심으로 지점장과 함께 우리 회사를 방문했고, 금융지원 결단을 내려주셨다. 사실 큰 결단을 내려준 것이다. 다른 지점장 같았으면 단칼에 안 된다고 했을 개연성이 큰데, 두어 번을 더 만나자고 해서 오너인 회장의 가족사까지 얘기를 듣고 결국 '저 사람이 거짓말 할 사람은 아니다' 이런 판단을 한 것이다.

그렇다고 무담보 신용대출로 300억을 지원해주는 것은 아니었고,

본점의 승인을 받기 위해서는 50억 정도의 현금담보를 해야 설득이 가능한 것이었다. 최소 한 바퀴 돌아갈 정도를 커버할 현금담보가 있어야 승인을 받을 수 있다고 해서 우리는 이때 50억을 마련해야 했다. 이 또한 쉽지 않은 일이었다.

어디서 50억을 마련한단 말인가? 그때 내가 생각해냈던 것은 굿맨의 주요 거래처였던 영국의 마탈란(MATALAN)에게 도움을 요청하는 것이었다. 마탈란은 1년 매출이 2조가 넘는, 우리나라로 치면 이마트 같은 유통회사였다. 영국 내에만 샵이 200개가 넘고 규모도 이마트 정도로 큰 대형 리테일샵이었다. 다만 마탈란은 이마트와 달리 식료품은 취급하지 않고 주로 의류, 가전제품 등 일반 생활용품을 위주로 하는 샵이었다.

마탈란에게 우리가 도움을 요청할 수 있었던 것은 10년 넘게 상호 신뢰관계로 거래를 하고 있었기 때문이었다. 나는 마탈란에게 "우리가 직접 금융체제를 가지고 당신들과 거래를 한다면 지금보다 더 안정적으로 할 수 있고, 그러므로 당신들한테 유리하게끔 단가도 조정할 수 있는 여지가 있다. 500만 달러를 우리에게 투자해달라"고 요청했다.

마탈란은 우리의 요청을 거부하지 않았다. 그런데 또 하나의 문제가 있었다. 500만 달러를 빌려준다는 그 자체는 부채로 잡히기 때문에 안 되고, 투자를 받는다고 하면 우리 굿맨상사가 자본금 5천만 원짜리이기 때문에 50억을 투자로 받는다면 회사를 그냥 넘겨주는 격이 되고 마는 것이었다. 그때 오너와 나는 고민을 많이 했다. 50억을 마련하는 것도 힘든데, 겨우 마련할 길이 열리니, 여러 위험부담 요소가 도사리고 있는 것이다.

'이걸 어떻게 해결해야 하나?' 그때 내가 알고 있던 오만가지 지식을 총동원해서 알아보니, 금융을 일으키는 기법 중에 '우선주'라는 게 있었다. 우선주는 의결권은 먼저 주지만 지분은 주지 않는 그런 주식이었는데 마탈란은 상환을 조건으로 우리에게 돈을 주는 것이니 일반적인 우선주가 아닌 상환우선주를 주되, 앞에다가 전환을 붙여서 '전환상환우선주'를 주면 되는 것이었다. 이것은 우리 경영학이론으로 나와 있는 한 금융기법이었다. 말 그대로 나중에 부채가 자본금으로 '전환'도 되고 상환을 먼저 해줄 수 있는, 보통주는 아니지만 일종의 우선주였다.

그런데 이 전환상환우선주를 발행하려면 금융당국에 신고를 해야 하는데 우리 같은 작은 회사에서 전환상환우선주를 500만 달러씩 발행하는 회사를 본 적이 없다며 신청을 받아주지 않았다. 하나 해결하면, 또 하나의 문제가 연속으로 발생하는 형국이었다. 그러나 주저앉을 수 없는 일이었다. "이 거래 자체가 법과 제도적으로 잘못된 점이 뭐가 있습니까? 되는 것 아닙니까!" 나는 끈질기게 당국을 설득했다.

그런데 문제는 전환상환우선주를 하려면 500만 달러 주당 가치가 얼마이며, 따라서 얼마로 발행해야 하느냐는 것이었다. 그 당시 회사 가치는 회계법인을 통해서 계산해보면 나오기는 하겠지만, 그렇다고 해서 몇 십만, 몇 백만이 나오지는 않을 것이기 때문이었다. 결국 나는 다시 한 번 마탈란을 설득했다.

"우리는 당신들과 10년 넘게 거래를 한 회사다. 그리고 당신들은 우릴 믿기 때문에 500만 달러를 빌려주는 것이다. 대신 전환상환우선주를 하는데 주당 187만 원 정도이다. 그 정도로 발행을 해야만 맞아 떨어진다. 승인해 달라."

진심은 통했을까? 마탈란은 나의 요청을 받아들여주었다. 그렇게 해서 그 당시 주당 187만 원인가로 서로 합의를 보고 500만 달러를 들여왔다. 그 돈을 은행에 예치하고 그때 무역금융 융자 한도인 2500만 달러, 즉 250억을 지원받을 수 있었다. 어쩌면 처음 시도부터 우리 은행들의 관행 상 맨땅에 헤딩하는 것인지도 몰랐고, 최종 결론이 날 때까지 숱한 장애물이 있었지만, 그때마다 나는 '두드리면 열릴 것'이라는 신념을 포기하지 않았다.

당시 신한은행 논현동 지점도 굉장히 불안했을 것이다. 그때가 2007년 말이었는데, 한 두어 번 거래가 돌면서 은행에서도 어느 정도 '이 거래는 큰 문제가 없구나' 하고 안심을 한 모양이다. 그러고 나니 과거에 다 퇴짜를 놨던 하나은행, 국민은행 등에서도 서로 거래를 하자면서 이제는 거꾸로 찾아왔다. 그래서 지금은 다른 몇 은행들과 나눠서 거래를 하고 있는데, 처음 총대를 매준 신한은행이 여간 고맙지 않다. 이후 신한은행 논현동 지점은 우리와의 거래로 인해 전국에서 외환거래 탑으로 올랐다. 대기업을 빼놓고는 우리가 매년 1억 달러에서 2억 달러씩 거래가 돌아가니까 굉장히 우수한 실적을 거두는 기제가 된 것이다.

그 과정을 통해 새삼 느낀 거지만 세상일을 고정관념이라는 시선으로만 보면 발전이 없다는 것이다. 신한은행이나, 마탈란이나, 또한 나나 세상에 흔히 통용되는 일을 벗어난 일을 할 수 있었다는 것은 용기라고 생각하고 싶고, 그것은 세상의 변화를 이끄는 중요한 키워드가 아닐까 하고 생각해 본다. 거의 불가능에 가까운 일을 가능으로 만든 것이다. 나 자신, 확신보다는 '최선을 다하면 된다'라는 마음이었고, 또 기본적으로 나와 있는 이론이 안 된다는 것은 아니었기 때문에 난관에 처할 때마다 용기를 가지고 사람들을 설득을 할 수 있었다.

굿맨상사는 이제 직접 교역의 금융체제를 구축했고, 성공적으로 안착했다. 그때를 기점으로 은행거래도 다변화하고 안정적인 경영체제로 현재 매출이 2천억 가까이 오른 것으로 알고 있다. 일취월장의 발전을 한 것이다. 이런 성과를 내며 굿맨상사가 발전할 수 있었던 근본적인 이유는 처남인 오너의 확고한 경영철학이 밑바탕에 깔려 있기 때문이었다. 직원들이 자신감을 가지고 일 할 수 있도록 믿고, 최대한 역량을 발휘할 수 있도록 밀어주는 오너의 탁월한 리더십이 만든 결과인 것이다.

내가 굿맨에 들어간 지 2년여 만에 오너의 전폭적인 지지와 지원 속에 도약의 발판을 마련했다는 점에서 자부하거니와 이런 성취는 단순히 용기에서 비롯되었다고만은 할 수 없다. 그동안의 실패에 가까운 직장생활들은 내게 내공을 만들어 준 밑거름이었다. 나는 중소기업진흥공단부터 시작해서 이유야 어떻든 태인컨설팅, 스탠더드텔레콤, 사보이 등을 거치며 성공보다는 좌절을 더 많이 겪었다. 그러나 과정 중에 있는 내게 그 좌절들은 미래의 자양분이었다는 것을 믿어 의심치 않는다.

IV
도전, 그리고 희망의 발견

대기업에 기반을 둔 대형마트를 대변하는 한국체인스토어연합회는 대형 로펌을 동원해서 모순이다, 위반이다라며 엄청난 태클을 걸어왔다.

정치라는 울타리 속으로

회사가 한 단계 도약하고 안정궤도에 오르면서 오너와 나는 "무역회사 하나로 끝나지 말고 사업을 더 다각화해서 제2의 도약을 해 보자"고 의견을 나누었다. 그래서 만든 회사가 2009년 1월 설립한 〈굿맨파트너스〉로 오너와 지분을 공동소유하면서 내가 책임경영을 하는 일종의 컨설팅회사였다.

굿맨파트너스는 두 가지 사업목적을 가지고 있었다. 하나는 모회사인 굿맨상사의 지속적인 도약을 뒷받침해주는 것이었고, 또 하나는 중소기업들에게 도움이 될 수 있는 경영컨설팅을 해주는 것이었다. 특히 중소기업진흥공단의 경험과 내가 강점으로 가지고 있는 금융컨설팅을 통한 중소기업들의 경영개선에 큰 뜻을 두었다.

중소기업들이 가장 어려워하는 것은 '자금이 없다'는 것과 '마케팅력이 약하다'는 것으로 요약할 수 있지만 간과하면 안 되는 것 중의 하나가 우수한 인재들이 중소기업에 가지 않는 풍토다. 그렇기 때문에 창업자가 처음 문은 열지만 지속적인 존립의 동력이 뒷받침되지 않아 한계에 부딪히는 것이다. 이런 문제의식을 가지고 굿맨파트너스를 창립했는데, 이때 마음속에 가지고 있던 일이 예기치 않게 생각보다 빠르게 나를 찾아왔다.

나는 굿맨파트너스 설립 전인 2008년 6월에 민주당에 입당했다. 그 후 2009년 노무현, 김대중 대통령의 잇따른 서거로 정치격변기를 이루며 사업에 집중할 수 없었다. 나는 열성적인 행동파는 아니었지만 고등학교 때부터 한국정치를 조용히 지켜봤고, 특히 민주당에 대한 기대를 갖고 있었다. 내가 고등학교 때부터 경영학을 공부하고 싶었던 것은 실제 사업가를 꿈꾸는 일일 수도 있지만 '다 같이 잘 살자'는 공공선에 바탕을 두고 있었기 때문이다. 그러니까 공공선을 이룰 수 있는 수단으로써 정치는 항상 내 의식 속에 잠재되어 있었던 것 같다.

김대중 대통령이 당선된 1997년 대선에서 나는 당원은 아니었지만 정권교체를 위해 주어진 환경에서 나름의 노력을 했다. 2002년 대선때 역시 마찬가지였다. 당시 다녔던 스탠더드텔레콤의 고문 변호사가 현재 안산지역구의 민주당 의원인 전해철 변호사였다. 전해철 변호사는 대학동문인데다, 나를 끌어준 선배인 부사장과는 친구였다. 그때 나는 노무현을 가장 먼저 지지했던 천정배 의원이 설립한 법무법인 해마루를 들락날락하며 경선과정에서부터 부사장과 함께 노무현 후보를 열성적으로 응원했다. 나아가 노무현 후보가 당선되는 2002년의 대선 열기에 굉장히 고무되었고 정치로 세상을 바꾸는 일에 한층 더 관심을 갖게 되었다.

내가 사회에 나와서 탄탄대로보다는 가시밭길을 걸을 수밖에 없었던 것도 그런 열망의 몸부림이었는지도 모른다. 나름 굿맨상사에서 성취를 이루고 한숨 돌린 후인 2009년의 정치격변은 내가 현실 정치에 발을 디디는 기폭제가 되었다. 그때부터 각종 정치현장에 나가고 지역의 당 모임에 참여하기 시작했다.

나는 이정국 위원장이 맡고 있는 민주당 '안양 동안 을' 지역위원회에서 청년위원장을 맡아 중앙당의 행사 등에 적극적으로 참여했다. 사실 그때만 해도 생활정치 차원에서 참여했을 뿐, 직접 정치를 해야겠다는 생각은 갖고 있지 않았다.

2008년 내가 민주당에 입당을 하니 안양 동안 을 지역위원회의 박철선 사무국장이 청년조직이 약하다며 청년위원장을 맡아보지 않겠느냐는 제안을 해왔다. 총선이 끝나고 두 달이 지난 때로 이정국 후보가 선거에 떨어져서 지역위원회가 침체되어 있던 시기였다. 생각해보겠다고 하고 지내다가 2008년 12월 호계동 삼겹살집에서 열린 당원 송년모임에 나가 인사할 때 박철선 국장이 앞으로 청년위원장을 맡게 될 거라고 소개했다. 당시만하더라도 출마하겠다거나 그런 구체적인 생각은 전혀 없었고 다만 지역당에서부터 뭔가 기여하고 밑바닥부터 경험하고 싶었다.

2009년도 들어서 경기도당의 청년위원회가 부활하면서 나는 그곳에도 열성적으로 참석했다. 그러면서 시·도의원들이나 국회의원들과 만나 대화를 나눌 기회가 많아졌고, 당과 정치의 깊은 속성도 알게 되었다. 그렇게 더욱더 정치라는 울타리 깊이 발을 디디게 되었다.

2009년 말이 되니 다음해에 있을 지방선거 얘기가 솔솔 나오기 시작했다. 그때 우리 지역에서도 시·도의원 후보들을 하나씩 스크린 하기 시작했다.

당시 호계동을 지역으로 하는 6선거구 도의원 후보로 송수택 전 도의원, 국중현 건축사 등이 활동했으나 평촌지역인 5선거구에는 도의원 후보가 없었다. 그런 어느 날 박철선 사무국장이 내게 넌지시 지방선거에 나가보지 않겠느냐고 물어왔다.

청년위원장을 하면서 시·도의원의 역할이 굉장히 중요하다는 생각을 하고 있었는데, 나를 좋게 봤는지 내가 그 역할을 잘 수행할 수 있다고 생각했는지는 모르겠지만, 그때 만났던 지역당원들뿐만 아니라 시·도의원들도 나가보라는 권유가 많았다. 또 어떤 이는 한번 시의원 나가면 영원한 시의원이고, 한번 도의원 나가면 영원한 도의원이니 더 큰 꿈을 꾸고 있으면 신중히 생각하라고 조언을 하기도 했다. 출마를 한다면 한편 시·도의원으로 첫 발을 시작했다가는 나한테 마이너스가 될 수도 있다는 그런 생각도 들었다. 그러나 스스로를 냉철히 볼 필요가 있었다. 내가 더 큰 꿈을 꾼다고 하더라도 기초적인 경험도 닦지 않고 시장이든 국회의원이든 나간다면 그것은 유권자에 대한 결례였다.

내가 무엇으로 출발하든 내 소신이 중요하지, 관행적인 것에 얽매인다는 자체가 오히려 내 꿈을 옭아매는 것이 아니겠는가. 통념을 깨는 배짱 없이 어찌 정치를 하겠다고 나선단 말인가.

그때 박철선 사무국장이 이왕 나가겠다는 결심을 했다면, 시의원 말고 도의원을 나가보라고 했다. 광역의원은 조금 더 큰 세상을 볼 수 있다고 했지만, 군이 그런 의미를 찾기보다는 나는 사정에 따르겠다는 결심을 밝혔다. 2010년이 되니 결정할 시간이 되었고, 이왕 꾸고 있는 꿈이라면 이런 기회에서 시작하는 것도 괜찮다는 결심이 섰다.

그런데 내가 평촌지역구 도의원으로 나가는 것으로 교통정리가 된 것은 지역의 여러 사정상 그렇게 결정될 수밖에 없었다. 사실 안양 동안의 목련마을, 샘마을, 꿈마을 아파트촌인 평촌지역은 지금까지 한 번도 민주당이 도의원을 배출해 본 적이 없었고 시의원도 거의 새누리당이 독점 하다시피 했다. 총선에서도 이 지역에서는 민주당 표가 거의 안 나왔다. 이 지역은 말하자면 서울의 강남과 같은 상류층을 이루고 있었고, 정치적으로도 강남과 같은 보수적인 성향이 강했다. 그렇기 때문에 이전의 지방선거에서 후보도 못 냈고, 사실상 당시도 출마하겠다는 민주당 후보가 아예 없었다. 결국 이정국 지역위원장도 "박위원장은 스펙도 좋고, 여러모로 평촌 쪽으로 도전을 하는 것이 좋겠다"라고 권유했다.

사실 출마를 권유했던 사람들도 "출마가 목적인 것은 아니잖느냐", "죽으러 가느냐"며 평촌출마는 다 말렸다. 그러나 나는 호계동에서 안전하게 당선되는 것보다, 떨어지는 한이 있더라도 누구도 나가겠다는 후보가 없는 평촌에 나라도 나가야겠다고 결심했다. 지역의 당원과 친지들의 평촌출마 설득을 받으며 나는 오기가 생겼다.

'그래? 이왕 나갈 거라면 어려운 지역 가서 원 없이 싸우고 안 된다면 장렬히 전사해주마.'

내심 호계동지역 도의원에 마음을 두었던 나는 그렇게 결단하고 국중현 후보에게 "내가 평촌으로 갈 테니까 열심히 하십시오"라고 말했다. 일종의 양보였는데, 아이러니하게도 본선후보 경선에서 국중현 후보는 송수택 후보에게 떨어졌다. 그래서 국중현 후보는 양보까지 받고 이기지 못했다는 것 때문에 지금도 나를 만나면 미안해한다.

〈안양 동안 을〉 선거 역사상 처음으로 거둔 민주당의 승리

2월 말 단독후보가 된 나는 민주당을 선택하지 않는 평촌주민들과 100일 동안 전심전력으로 만나보겠다는 의지를 다졌다. 당시 나는 5개 동에 아는 사람 하나 없었고, 아무 인맥도 없었다.

부랴부랴 신촌동에서 범계동으로 이사도 하고 맨땅에 헤딩하는 식으로 선거판에 뛰어들었다. 3개월 넘는 기간을 새벽 5시부터 밤 12시 넘어서까지 움직였다. 밤에도 식당이나 호프집을 찾아다니며 대화하고 술 따라주고 또 받아먹으며 진심으로 주민을 만났다. 새누리당과 민주당이라는 이념을 떠나 인간적으로 만나고자 했다. 그러다보니 보수성이 강한 사회단체 사람들조차도 마음을 열어주었고, 어떤 데에서는 드러내지 않고 뒤에서 조용히 도와주기도 했다.

특히 정치신인이라서 인지도가 없기 때문에 그것을 보충할 선거 컨셉에 많은 고민을 했다. 그래서 만든 플랜카드가 내가 태권도복을 입

▲ 2010년 지방선거에서 김상곤 경기도지사 후보와

고 이명박 대통령과 한 판 붙자는 것이었는데 이게 대박이었다. 그때 중소기업진흥공단을 함께 다녔던 여재호라는 친구가 나에게 많은 조언을 해주었다. 그는 중진공 시절 같이 그룹사운드까지 만들어 활동한 둘도 없는 단짝 친구였다. 선거전에 돌입하며 그와 신원성 본부장과 셋이 소주를 마시며 컨셉에 대해서 얘기를 하게 되었다.

솔직히 선거에 나오기 전에는 나도 한 사람의 유권자로서 홍보물이 날아오면 시의원후보인지, 도의원후보인지, 혹은 교육감후보인지, 명확한 구별도 하지 못하고 당을 기준으로 투표를 했다. 그랬는데 막상 내가 선거에 나가보니 수많은 후보들이 플랜카드와 홍보물을 만드는데, 과연 유권자들이 얼마나 명확한 구별을 할 수 있게끔 신경을 쓰는지 회의가 들었다.

"뭔가 쌈빡하게 튈 수 있는 방법이 없냐?"

셋이 소주를 마시며 이른바 브레인스토밍을 한 것이다. 그때 신원성 본부장이 장난 비슷하게 "태권도복을 입고 거리유세를 해볼까?"라고 했다. 처음에는 장난으로 말했지만 괜찮은 생각이라고 중론이 모아져 "일단은 태권도복을 입자!"는 것으로 결론을 내렸다.

이명박 대통령이 나와 같은 고려대 출신이라는 것도 한몫했다. 이명박 대통령과 한판 겨뤄보자는 그림을 만들어 '박용진 후보가 이명박 대통령의 실정 때문에 한 판 붙으러 출마했다'라는 이미지 메이킹을 한 것이다. 그때 마침 청와대 홍보자료 중에 오바마 대통령이 방문했을 때 이명박 대통령이 태권도복을 선물한 사진이 있었다. 그 사진은 오바마 대통령이 도복을 입고 이명박 대통령이 태권도 자세를 취한 사진이었는데, 거기서 우리는 오바마 대통령을 빼고 그 자리에 내가 도복입고 폼을 잡은 사진을 넣어 편집했다. 절묘하게 이명박 대통령과 내가 한판 겨루는 듯한 모습으로 합성한 것이다. 그때 민주당의 상징색이 연두색이고 한나라당이 파란색이었는데, 바탕색도 두루뭉술하게 했다. 이것도 일종의 전략이었고, 겨뤄보자는 것이었지만 표정은 웃는 표정이었고, 슬로건도 재미있게 '이명박 선배님 한 판 하시죠'라고 했다. 그 대신에 사람들이 이상하게 생각할까봐 그림 아래에 내가 고려대 출신이고, 태권도부 주장을 했다는 부제를 달았다.

이것이 선거사무소 건물에 대형 그림으로 붙으니 사람들의 시선을 끌었다. 다른 후보들의 홍보물은 대개 양복입고 무게 잡는 이미지인데 독특한 그림을 보고 지나가다가 발을 멈추고 들여다보는 사람들도 많았다. 또 단순히 새누리당 후보랑 붙자가 아니고 현직 대통령과 한 판 붙자고 하니까 저 사람이 대체 누구냐며 지역구 사람들 간에 화제가 되기도 했다. 그래서 경찰서에서도 찾아와 이래도 괜찮느냐, 언제 내리느냐고 묻기도 했고, 나중에 들은 얘기지만 선관위에서도 선

▲ 2010년 지방선거에서 나의 선거 컨셉이자 슬로건 그림

거법상 가능한지 아닌지 검토까지 했다고 한다.

전심전력으로 지역민을 만나고 독특한 선거 전략을 구사해서 그랬는지 나는 예상을 깨고 당선되었다. 나는 선거출정식 전날 당원들이 모인 자리에서 이렇게 말했다.

"제가 살아서 돌아오지는 않겠습니다. 만약에 떨어지면 죽어서 올지언정 살아서 돌아오지 않겠습니다!"

죽을 각오로 뛰겠다는 뜻이었는데, 말은 그렇게 했지만 나도, 지역의 당원들도 이길 거라고 확신하지는 못했다. 막상 선거전이 개시되어 주민들을 만나니 민주당이라는 이유만으로 냉담하고 써늘하게 반응했다. 특히 그 당시 선거는 무상급식이 이슈가 되었는데, 백이면 백 어르신들 만나면 나라 말아먹으려고 그러느냐며 호통을 쳤다. 그러나 나는 그분들을 피하지 않고 하나하나 차분하게 설명했다. 물론 그 자리에서 나의 말에 동의할 리는 만무했지만, 적어도 나는 적을 만들지 않으려고 노력했다.

선거 캠페인을 할 때도 나는 우리 운동원과 한나라당 운동원들이 있는 곳을 가면 한나라당 선거운동원들한테 먼저 가서 인사를 했다. 당이 달라서 대결은 하지만 같은 주민들이고 다 같은 유권자니까 굳이 적대적일 필요는 없었다. 그렇다고 해서 그들이 나를 찍으리라는 계산을 염두에 둔 것은 아니었고, 군사독재 시절도 아닌 바에야 적을 만들면서 선거운동을 할 필요는 없었다.

내가 평촌지역에서 민주당 후보로 당선된 것도 최초의 일이었지만, 그것도 큰 표차로 이겼다는 것도 각별한 의미가 있었다. 5천여 표, 10%가 넘는 압도적인 표차로 승리했기 때문이다.

선거기간 중 나는 여론조사를 두 번 했는데, 첫 번째 여론조사를 돌렸을 때에는 한 5% 차이로 지는 것으로 나왔고, 선거 닥쳐서 두 번째로 했을 때는 1% 뒤지는 것으로 나왔다. 여론조사 상으로는 계속 상승기류를 타고 있었지만 워낙 보수층이 두터운 지역이기 때문에 내가 당선될 것이라고 기대하기는 어려웠다.

투표가 끝나고 개표기가 고장 나 개표가 늦어져 새벽 6시가 되어서야 결과가 나와 현장에 나가 있던 김철모 사무장으로부터 당선됐다는 전화가 왔다. 발표가 다 끝나고 보니 다섯 개 선거구 중에서 갈산동 한 곳만 300여 표차로 적게 나왔을 뿐 나머지는 내가 다 이겼다. 여태까지 그런 결과가 나온 적이 없었다. 범계동, 갈산동, 귀인동은 무조건 우리가 지는 지역이었다. 그것도 일방적으로 지는 지역이었다. 실제 최대호 후보가 시장에는 당선되었지만, 그 세 군데는 못 이겼고 총선에서도 마찬가지였다.

내가 그때 시장, 시의원, 도의원 표를 다 분석해보니 시장 1번, 시의원 1번을 찍고 도의원 후보만 2번을 찍었다는 결론이 나왔다. 유권자들이 당만 보고 찍는 줄투표를 하지 않았다는 반증이었다. 어쨌든 지방자치가 생긴 이래 동안 을 평촌지역에서 민주당 도의원 당선자는 내가 처음이었다.

심혈을 기울인 자영업자와 전통시장 보호 조례안

도의회에 들어가며 당의 대변인단에 들어갔다. 전체 대변인이 다섯 명인데 나는 초선으로서 부대변인을 맡아 2년 동안 경기도의 각종 현안에 대해 언론 등 대외에 우리당의 입장을 코멘트하고 원내대표를 겸하고 있는 대표의원의 연설문 작성에도 관여했다.

전반기 2년 동안 나는 기획위원회에 소속되어 활동했다. 기획위원회는 도 예산의 집행을 쥐고 있는 〈기획조정실〉, 의정부 북부청의 기획을 담당하는 〈기획행정실〉, 경기도의 싱크탱크라고 할 수 있는 〈경기개발연구원〉, 그리고 〈경기도시공사〉, 〈감사실〉 등 경기도에서 가장 핵심이 되는 부서들을 소관 상임위로 하고 있다.

도 전체 예산을 컨트롤하고 핵심 기관이 소관이다 보니 기획위원회는 서로 오려고 하는 상임위였고 당시 기획위원회에 쟁쟁한 의원들이 많이 왔다. 상반기 나와 같이 기획위원에서 활동했던 의원으로는 민주당 대표를 역임하고 현재 9대 전반기에서 의장을 하고 있는 강득구 의원, 역시 대표를 역임한 김주삼 의원, 그리고 4년째 새누리당 대표를 하고 있는 이승철 의원이 있다.

나는 의회활동에 있어서 글자 몇 개 고쳐서 개정안 내고 실적 늘리는 것은 철저히 배격하고 주민에게 실질적인 도움이 되고 뜻있는 조례를 만들려고 나름 노력을 많이 했다. 그 중에 하나가 하반기에 만든 조례인데 엄청난 우여곡절을 겪어야 했다.

▲ 행정사무감사 자료를 준비하며

SSM(Super SuperMarket, 일반적으로는 대기업 계열 슈퍼마켓을 지칭한다)이나 대형마트로 인해 생계 기반을 위협받고 있는 자영업자와 전통시장 상인들을 보호하기 위해 내가 발의해 만든 조례가 '경기도 상권영향평가위원회 설치 및 운영에 관한 조례'다.

국회에도 '유통산업발전법'이라는 법률이 있기는 하다. 그러나 이 법을 통해 자영업자나 전통시장 상인을 어느 정도 보호하고 있기는 하지만 맹점이 많다. 예를 들어 지금 현재 자영업자들이 아무리 피해를 보더라도 일단 대형마트나 SSM이 입점을 하는 데에 전혀 제약조건이 없다. 물론 '전통시장 반경 1km 이내에는 못 들어온다.' 이런 규정들이 있기는 한데,

사실 요새는 1km는 차로 이동해 버리니까 거의 무의미하다. 이밖에도 유통산업발전법에는 맹점이 많았다. 현행법상 대형마트가 입점할 때 두 가지 서류를 내도록 되어있다. 하나는 '지역상생계약서'이고 또 하나는 '상권영향평가서'이다. 이 두 서류를 각 시·군·구에 내도록 하고 있는데, 이게 허가제가 아니라 일종의 신고제여서 서류상의 문제만 없으면 받아들여지고 결국엔 설립이 된다. 그런데 상권영향평가서는 들어오는 업체가 직접 의뢰해서 받는 것이어서 절대 자기네들에게 불리하게 써올 리 없다. 결국 고양이한테 생선을 맡기는 격이다.

따라서 나는 '경기도 상권영향평가위원회 설치 및 운영에 관한 조례'를 발의하면서 두 가지에 역점을 두었다. '첫째, 상권영향평가서를 들어오는 업체가 직접 하지 말고 객관적이고 공정하게 평가할 수 있는 제3의 기관에 맡겨서 한다', '둘째, 현재 시·군·구에 신고를 하다 보니 예를 들어서 안양시에 신고를 했지만 인근에 있는 의왕시가 피해를 볼 수도 있다. 그러므로 광역단위에서 도지사가 이 문제에 대해서 책임 있게 관여를 해야 한다'는 것이었다.

이 조례를 만드는 과정에서 사실 굉장히 논란이 많았다. 재래시장 자영업자 상인 단체와 달리 대형마트의 이익을 대변하고 있는 한국체인스토어연합회에서 엄청난 압력을 가해왔기 때문이다. 대기업에 기반을 둔 대형마트를 대변하는 한국체인스토어연합회는 대형 로펌을 동원해서 모순이다, 위반이다라며 엄청난 태클을 걸어왔다. 그러나 자영업자 쪽은 그런 조직도, 변호사도 없이 법률을 찾아가면서 힘겹게 싸우고 있는 처지였다.

어쨌든 약자를 보호하기 위해서 만드는 조례이니만큼 나는 재래시장 자영업자들의 입장에서 조례를 만들었고 상정했는데, 경기도(집행부)에서는 계속 반대를 했다. 상위법률 위반이고, 무엇 때문에 안 된다며 별별 핑계를 다 들이대며 반대했다. 그러나 의원들 입장에서 보면 안 될 이유가 없었다. 막상 표결에 들어가게 되었을 때는 의외로 새누리당 의원들도 굉장히 호의적이었다. 그래서 상임위원회도 잘 통과하고 본회의까지 무사히 통과가 되었다.

그런데 김문수 지사가 '재의'를 요구해왔다. 의회에 되돌려 보내 다시 의결을 해달라는 것이다. 김문수 지사가 재의를 요구했기 때문에 새누리당 의원들 입장에서 그때는 김 지사와 뜻을 같이 할 거라고 나도 그렇게 생각했고, 아마 김 지사도 그런 믿음이 있었을 것이다. 그럼에도 당시 새누리당 의원들 몇몇은 양심적인 투표를 해주었다. 그래서 재의에서도 통과가 되었다. 재의가 통과되는 날 경기도 상인연합회원들이 방청하면서 박수와 환호도 보내주었다. 그런데 문제는 재의까지 통과됐음에도 불구하고 김문수 지사가 이 조례의 시행을 계속 미루었다. 그런 경우에는 의장직권으로 공표를 할 수 있었다. 당시 의장이 직권으로 시행하자며 공표를 했다. 그러자 김문수 지사가 이를 대법원에 제소를 해 버렸다. 결국 지금도 이 조례는 대법원에 계류 중에 있다. 당시

▲ 본회의에서 김문수 지사에게 질의하고 있다

얼마나 대형마트 관계자들의 로비와 압력이 센지는 미루어 짐작할 수 있고, 그로 인해 자영업자나 재래시장 상인들을 보호하는 정책이 실현되지 못하고 있다는 것에 대해서 나는 안타까움을 넘어 참담한 마음을 금할 수 없다.

그런데 최근에 재미있는 일이 있었다. 도의원 임기를 마친 후인 작년의 일이다. 강원도에서 어떤 분이 전화를 걸어왔다. 모르는 번호였는데 "혹시 박용진 의원님 아니냐"고 묻는 것이었다. 지금은 아니지만 맞다고 하니, 그 분은 자신을 강원도에서 장사를 하고 있는 사람이라고 소개하며, 그쪽에도 대형 아울렛이 들어오려고 해서 상인들이 많이 피해를 볼 것 같다며 거기에 대응해서 자기들도 조례를 만들려고 한다는 것이었다.

"우리가 그런 논리를 잘 알지도 못하고, 어디 도움을 받으려 해도 마땅하지 않고 갑갑해서 인터넷을 뒤져보다가 박용진 의원님이 냈던 상권영향평가조례를 봤습니다."

그 분은 이렇게 하소연하며 나의 도움을 받고 싶다고 했다. 나는 그 분과 많은 상담을 하고, 도움이 될 수 있는 말을 해주었다. 그리고 내가 갖고 있던 자료를 다 보내주며 '우리 경기도는 이러이러해서 재의가 됐지만 강원도는 잘 되길 바란다'고 덧붙였다. 다행히 강원도는 최문순 지사가 새정치민주연합 소속이어서 경기도와는 달리 자영업자 보호조례안에 우호적이었던 모양이다. 나중에 그 분으로부터 연락이 왔다. "덕분에 잘 준비하고 있습니다. 조만간 조례안을 발의할 수 있을 것 같습니다"라며 감사의 말을 전해왔다. 내가 전국 최초로 경기도에서 이 조례를 만들었지만, 잘하면 지방자치단체 중 강원도가 가장 먼저 이 약자를 보호하는 조례를 시행하게 될 것 같다.

사회적 약자한테 필요한 제도가 계층 간의 이해대립과 도지사의 성향으로 인해 표류하고 있는 이 현실은 참으로 답답한 노릇이다. 그래서 내가 국회의원들한테도 이 문제에 대해 하소연을 많이 했다.

"지방의회에서 이 법을 바꾸려고 했더니 너무 벽에 부딪힌다. 차라리 국회에서 법률을 바꾸면 더 쉽지 않나. 국회에서 몇 자만 바꾸면 끝나는 것이다."

하지만 국회의원들도 겉으로만 알았다고 하지 움직이지를 않는다. 국회의원들은 이미 나보다도 더 강한 사슬에 포섭이 되어 있을 것이다. 삼성, 롯데, 이마트 이런 대기업에서 자유로울 수 없기 때문인 것이다.

정부의 시행령을 바꾸다

우리나라가 지방자치제도를 실시한 지 어느덧 20년이 넘었지만 지방재정은 갈수록 어려워지고 있다. 특히 국세와 지방세의 비중이 8대 2에 달할 정도로 국세 위주의 조세정책으로 인해 지방정부 차원에서 지방재정을 확충해달라는 요구가 빗발치고 있다.

이에 정부는 '지방재정조정제도'라는 것을 시행하면서 중앙정부에서 지방정부로 일정 규모의 재원을 이전하여 정부 간 재정형평성을 제고하기 위해 노력하고 있다.

지방재정조정제도를 통해서 중앙정부에서 지방정부로 이전되는 재정에 지방교부세, 국고보조금 등이 있다면, 광역자치단체에서도 하위 시·군에 재정여건을 감안하여 배분해주는 재원이 있는데, 이를 재정보전금이라고 한다.

그런데 경기도의 경우 지방재정법시행령에 따라 일반재정보전금과 특별재정보전금을 배분하고 있다. 이중 특별재정보전금은 정부로부터 보통교부세를 받지 않는 시·군에 대해서 일반재정보전금의 25%를 지원하는 것이다. 보통교부세를 받지 않는다는 것은 그만큼 재정 사정이 좋다는 의미이기도 하다. 여기에 문제가 있다.

2006년까지는 특별재정보전금 지원 지방자치단체가 과천, 성남, 용인, 화성, 고양, 수원, 안양, 부천, 안산 등 9개였으나, 2007년에 부천, 그리고 2009년에 안양과 안산이 보통교부세 불교부단체에서 교부단체로 변경되면서 2009년부터는 과천, 성남, 용인, 화성, 고양, 수원 등 6개 단체만 특별재정보전금을 지원받고 있었다.

하지만 문제는 특별재정보전금 지원단체가 9개 단체에서 6개 단체로 줄었음에도 불구하고, 지방재정법시행령에 따라 특별재정보전금의 배분재원은 그대로 25%라는 점이다.

이는 경기도 31개 시·군에서 비교적 더 열악한 재정을 가지고 있는 25개의 일반재정보전금 지원 단체에게 돌아가야 할 보전금이 상대적으로 재정이 더 나은 6개의 특별재정보전금 지원 단체가 혜택을 보고 있는 것으로서 재원배분의 형평성에 맞지 않다고 할 수 있는 것이다.

▲ 행정사무감사 질의를 하기 위해 자료를 점검하고 있다

그러므로 재정보전금제도의 취지를 살리고 시·군별 형평성을 제고하기 위해서는 현행 '특별재정보전금'의 지원방식을 규정하고 있는 지방재정법시행령의 개정이 절실했다.

2011년 5월 나는 재정이 상대적으로 열악한 시·군에게 배분되는 일반재정보전금의 확충을 도모하는 것을 골자로 하는 '지방재정법시행령 개정 촉구 결의안'을 대표 발의했다. 하지만 예상했던 바대로 재정력이 좋은 6개 시로부터 엄청난 반발이 나왔다. 심지어 어떤 시에서는 경기도의회 앞으로 몰려와 결의안 철회시위까지 할 정도였다.

나와 같은 상임위에 있던 우리당 동료 의원의 지역도 6개 시에 들어가는 바람에 상임위에서조차 표결에 난항이 있었다. 결국 5월에 처리를 못하고 두 달 후인 7월에 재상정했다. 나는 이 사이에 제도변경의 필요성에 대해서 좀 더 연구하고 다른 의원들을 설득시키기 위해서 한 편의 논문까지 작성했을 정도였다. 결국 7월에 본 결의안은 우여곡절 끝에 본회의장에서 찬성 76표, 반대 15표, 기권 6표로 가결 통과되어 중앙정부로 이송되었다.

나는 여기서 그치지 않았다. 보통 지방의회에서 결의안이 중앙정부로 이송되면 중앙정부는 어지간해서는 잘 거들떠보지도 않는다. 그만큼 지방의회의 결의안이 크게 주목받지 못하고 있다는 방증이기도 하다. 그래서 나는 이 결의안과 내가 직접 만든 연구 자료집을 가지고 광화문 청사를 방문하여 안전행정부 담당 서기관을 직접 만나 자료를 건네주며 설득을 했다. 그도 개정 필요성에는 공감했지만 개정 여부는 불투명했다. 따라서 나는 주기적으로 그 담당자에게 전화도 하고 또 몇 차례 더 찾아가기도 했다. 뿐만 아니라 경기도에서 이 문제를 담당하는 기획조정실장을 통해서도 꾸준히 주문과 확인을 했다.

이러한 나의 노력이 통했을까. 결국 2013년 9월 국무회의에서 '지방재정법시행령'이 개정되기에 이르렀다. 개정된 내용도 내가 주장했던 내용과 거의 일치했다. 즉 특별재정보전금은 재정보전금의 운영 과정에서 해당 시의 재정보전금 조성액보다 오히려 더 많이 배분되어 재정형평성을 약화시키는 문제가 있으므로 폐지하고, 일반재정보전금의 배분방식도 재정력을 좀 더 우선시하여 형평성이 강화되는 쪽으로 개정된 것이다.

계약서에서 '갑·을' 명칭을 삭제하자

내가 전국 최초로 낸 조례안이 또 있다. 재작년에 남양유업사태가 시끄러워지면서 갑을문제가 사회문제로 대두되었다. 그러면서 우리 당도 '을지로위원회'를 만들어서 '갑질'을 근절하고, 을을 보호하는 일에 나섰는데, 2013년도 하반기 쯤 됐을 때다. 그때 내가 냈던 조례가 '경기도 계약서 등 갑을명칭 지양 및 삭제 권고조례'였다. 즉, 경기도에서 만드는 모든 공문서에는 갑과 을을 쓰지 말자. 그리고 기존에 쓴 계약서도 가급적이면 갑과 을을 없애고 바꾸자는 것이었다.

내가 2012년 초 이 조례안을 만든 계기가 있었다. 나는 안양 농수산물센터의 회센터 건물 옆 직판매장에서 장사를 하는 아주머니와 약간의 친분을 갖고 있었는데, 이 아주머니와 우연히 얘기를 할 기회가 있었다. 그 직판매장에는 슈퍼마켓도 있고 그 옆에서 옥수수 삶아서 파는 할머니도 있고 다양한 상인이 있었지만 다 영세했다. 이 분들은 원래 안양 1번가 쪽에서 장사를 했었는데, 안양시가 평촌 농수산물직판장을 만들면서 직판매장으로 집단 이주시킨 것이었다. 처음에는 야채동 지하에 자리를 잡았지만 워낙 장사가 안 되어 1층으로 올라왔는데 여하튼 다들 영세상인들이었다.

그런데 아주머니 말씀에 의하면 "이렇게 영세하게 시에서 하라는 대로 했는데 안양시에서 점포를 한 번만 연장하고 이제 더 이상 연장하지 않고 입찰식으로 분양하는 것으로 제도를 바꾼다"는 것이다. 그런 방침에 따라 안양시에서 직판장 상인들에게 서명을 하라며 계약서를 들이밀었다는 것이다. 그러면서 아주머니는 실의에 빠져 "도대체 최근에 사회적으로도 갑을문제가 심한데 안양시가 너무 갑질을 한다"며 분통을 터뜨렸다.

공무원들이 몰려와 안하무인격으로 무허가 노점상 취급하듯 한다며, 아주머니는 그 계약서를 가져와 내게 보여주었다. 그 계약서를 보니 안양시가 '갑' 아주머니(상인)가 '을' 이렇게 표기되어 있었다. 실제 내용에서도 '모든 잘못이 있으면 을이 다 책임진다'는 식으로 안양시에 유리하도록 되어 있었다.

아주머니는 지금 사회적으로도 '갑과 을' 문제가 아주 심각한데 안양시에서 만든 공문서가 이래도 되느냐며 울분을 토했다. '갑·을 문제가 사회문제가 되고 있음에도 사각지대에서는 여전히 이렇구나'라고 느낀 나는 경기도 각 부처의 계약서를 몇 개 열람해봤다. 아니나 다를까, 경기도도 다 똑같이 '갑'으로 떡 하니 씌어있었다. 그때 나는 불평등한 갑을관계를 하루아침에 바꿀 수는 없지만, 명칭만이라도 바꾸어보자는 생각이 들었다. 물론 명칭을 바꾼다고 내용이 변하는 것은 아니지만, 말이 행동을 부른다고, 명칭이 내용을 바꾸는데 도움이 될 수 있기 때문이다.

조례내용은 간단했다. 예컨대, 안양시가 '갑' 상인이 '을', 이러지 말고, 있는 그대로 표현하자. 안양시면 안양시, 길동슈퍼면 길동슈퍼, 그대로 쓰자. 이름이나 직책을 그대로 쓰자는 것이다. 그래서 문구 자체도 쌍방 간의 어떤 권리가 동등해야 하고 '갑과 을' 대신에 서로 이름을 명기함으로써 위화감을 없애주자는 것이었다. 이 조례안은

▲ 도정질의에 필요한 자료조사를 하고 있다

2013년 11월인가 모 월간지에서 다룬 '이 달의 조례'에서 베스트 조례로 선정되기도 했다.

　이 조례안을 내니 경기도교육청 교육위원인 동료 의원이 자기도 교육청에 내겠다고 해서 그렇게 하시라고 했고, 경기도교육청에도 '갑을명칭 지양 및 삭제 권고 조례'를 만들게 되었다. 그 후 다른 시·도에서도 베껴가기도 했다. 올해 초엔 박원순 서울 시장이 '갑을 명칭과 내용 때문에 서로 간에 위화감이 있으니 갑을 명칭은 아예 없애고 내용도 동등하게 하자'고 해서 서울시에서도 똑같은 내용의 행정규칙이 만들어졌다. 내가 시초로 조례를 낸 경기도에서 시행하고 있지만 이제는 서울시 등 각 지방자치단체에 많이 퍼져있다. 내가 낸 내용과 거의 똑같다. '단지 갑·을 명칭만 빠진다고 갑·을이 없어지겠냐'고 의문을 표하기도 하지만 계약 당사자의 입장에서는 일단 그런 명칭을 못 쓰게 하고 내용 자체도 동등하게끔 하도록 되어 있기 때문에 의식하지 않을 수는 없다. 사실 계약서에서 '을' 하는 순간, 모든 계약 자체가 을한테 불리하게 써질 수밖에 없고 또 거기에 서명하는 순간, '내가 갑에 종속되어 있구나' 하는 느낌을 받을 수밖에 없다.

어쨌든 심각한 사회문제로 대두되면서 계약서에서 갑·을관계를 없애는 방식을 많은 지자체들이 따라하고, 퍼지고 있어서 변화는 시작되고 있다고 봐야 할 것이다.

KBS와 함께 파헤친 도 의료원의 '갑질'

국회 건, 지방의회 건 그 본령은 약자를 보호하는 것일 테다. 그런 점에서 도 의료원 장례식장에서 유족들을 상대로 한 '갑질'도 참으로 분노할 일이었다.

경기도립의 의료원마다 장례식장이 있다. 한 번은 친지의 부음으로 경기도 의료원을 갔는데 장례용품들이 생각보다 비싸다는 느낌이 들었다. 그래서 나는 경기도에 있는 다섯 의료원을 대상으로 전 품목에 대해서 각각의 구입단가와 판매단가 실태를 조사해봤다.

도립 의료원이니까 어련히 잘 하겠지라고 했는데, 막상 오더를 보니 구입단가보다 최소 2배에서 최대 11배까지 가격을 붙여먹고 있었다. 예를 들어 수의 하나의 원가가 2만원이다 하면 15만원을 받고, 관을 40만원에 들여오는데, 파는 값은 250만원, 이런 식이었다. 폭리도 이런 폭리가 없거니와, 더구나 도립에서 그렇게 한다는 데에 나는 충격을 받았다.

나는 이 문제를 도정질문에서 따지기로 하고 다른 몇 꼭지를 함께 준비했는데, 장례용품 질의 내용은 별 기대를 안했다. 그때 도의회를 출입하던 뉴시스 기자가 장례용품 질의 내용을 보더니 "이거 기사 되겠는데요?"라며 자료를 요청해 집행부에서 받은 자료를 주었다.

그 후 일요일인데 인터넷 판에 '경기도 의료원 장례식장의 폭리 실태' 이런 기사가 떴다. 주말이라 집에서 쉬고 있었는데, 갑자기 여기저기 언론사 기자들로부터 전화가 막 걸려왔다. 기사를 보고 구체적인 내용과 확인을 요구했는데, 중앙일보 등 중앙 언론에서도 연락이 왔다. 난리가 아니었다. 그 다음 날 보니 웬만한 중앙지에 그 기사가 다 났다. 급기야 그 다음날에는 KBS에서 연락이 와 현장취재를 하겠다며 동행을 요청했다.

나는 의정활동으로서만 아니라 이런 문제를 사회에 알려 경종을 울리는 것도 괜찮다는 생각으로 추적추적 비까지 오는데 수원의료원으로 가서 현장 취재에 응하며 실태를 설명해주고 인터뷰도 해주었다. 나뿐만 아니라 의료원 입장을 들어보려고 배기수 의료원장의 인터뷰도 땄고, 유족들의 입장도 들었다. 유족은 "우리도 이렇게 비싼 줄 몰랐다. 정말 화난다"는 내용의 인터뷰를 했다. 그날 밤 KBS 9시 뉴스에 심층취재로 이 뉴스가 나가자 뒤집어 질 정도로 큰 사회적 이슈가 되었다. 그 다음날 KBS 아침뉴스가 또 보도했고, 내 도정질문이 수요일인가 목요일이었는데, 이미 월요일 화요일에 문제가 다 터져버렸다.

▲ 경기도의료원 장례식장의 폭리실태를
   보도한 KBS 뉴스의 한 장면

나는 아예 뉴스 동영상을 다운 받아 본회의장에서 틀어 보이며 도정질문을 했다. 김문수 지사한테 실태를 다시 한 번 환기시키며 어떻게 하겠느냐고 다그쳤다. 보통 도정질문 하면 도지사들이 이런 저런 변명부터 늘어놓기 마련인데, 그때는 김문수 지사도 거두절미하고 "죄송합니다. 바로 시정하겠습니다. 저도 몰랐습니다"라고 했다.

그 후 전체 용품을 2배 이하로 다 낮추어버리는 시정조치가 내려졌다. 이전에는 2배에서 11배였는데 시정조치로 구입단가의 2배를 넘지 못하도록 다운시켜 버린 것이다.

당시 장례용품 판매실태를 조사할 때 나는 서울시 산하 의료원들까지 같이 조사를 해봤다. 그런데 서울시 의료원은 그렇지 않았다. 서울시가 운영하는 의료원은 2배도 안 되는 착한 가격을 받고 있었다. 경기도만 유독 폭리를 취하고 있었는데, 당시 의료원장은 이에 대해 의료사업에서 항상 적자라는 것이었다. 기가 막힌 일이었다. 도립 의료원이 장례사업을 일종의 수익사업으로 보는 것이다. 그래서 당시 내가 도정질의 때 김문수 지사한테 이렇게 말했다.

"우리가 공공의료원을 지원하는 목적이 무엇입니까! 의료원을 이용하는 사람들은 다 서민들인데 이런 사람들 도와주라고 공공의료원이 있고, 당연히 적자가 나기 때문에 우리가 예산을 지원하는 것

GYEONGGI PROVINCIAL COUNCIL
www.ggc.go.kr

▲ 본회의에서 김문수 지사에게 질의하고 있다

아닙니까?"

물론 김문수 지사는 그때 다 맞다고 인정했다.

망자를 보내는 유족입장에서는 장례용품이 비싸더라도 따지지 못하고, 또 가격을 따질 경황없이 장례를 치르게 된다. 그런 점을 이용해서 도 예산을 받는 의료원이 어려운 서민들한테 폭리를 취했다는 것은 도저히 용납할 수 없는 일이었다.

화룡점정을 이루지 못한 노후배관교체사업

내 지역구인 평촌의 아파트 수도녹물 문제도 내가 심혈을 기울였던 문제다. 이 문제는 상당한 시일이 걸렸고, 그만큼 곡절도 많다.

평촌 신도시가 20년이 넘으며 수도관이 낡아서 각 가정에 녹물이 나왔다. 1990년대 초반 당시에는 수도관을 아연도강관을 썼다. 그런데 아연도강관은 한 5년만 지나면 내부에 녹이 슬어버린다는 단점이 있다. 5년만 지나도 녹이 스는데 20년을 썼으니 거의 녹으로 꽉 찼다고 봐도 과언이 아닌 것이다. 실제로 배관 교체하면서 관을 잘라보면 한 70%가 녹으로 막혀 있는 상태였다. 평촌주민은 그 물을 먹고 있는 것이다.

평촌뿐만 아니라 신도시 사람들이 거의 이 문제로 고통을 호소하는 게 현실이다. 이 문제를 해결하기 위해서는 수도관을 교체해야 하는데, 교체하려면 가정 당 200만원에서 300만원이 든다. 이 관을 교체하지 않고 세척하는 방법도 있기는 한데 이 경우 녹이 쓸려 내려가긴 하지만 완전하지 않고 다시 녹이 슨다는 단점이 있다.

수돗물 문제가 평촌 주민들의 숙원사업이기도 해서 나는 내 임기 내에 해결을 하고 싶어서 경기개발연구원에다 연구용역을 주었다. 그 결과 관 교체가 모든 면에서 가장 나은 방법으로 나왔다. 문제는 관을 교체하려면 예산이 있어야 한다는 것이었다. 그때 나는 고민했다.

교체하는 비용에 있어서 서울 등 몇몇 군데에서는 기초생활수급자나 이런데 한정을 해가지고 30%~50% 지원하는 경우가 있었다. 사실 이런 지원방식은 1년 예산 해봐야 얼마 되지 않는다. 많아야 10~20억 정도다. 우리 안양도 그 당시에 1년 예산으로 2, 3억이 책정되어 있었다. 2, 3억으로 우선순위를 정해 단독주택, 다세대빌라, 소형 평수의 아파트, 중대형 평수의 아파트 이런 식으로 하다 보니 거의 혜택이 안 갔다.

그래서 내가 냈던 아이디어가 '무상으로 하려다 실질적 도움이 안

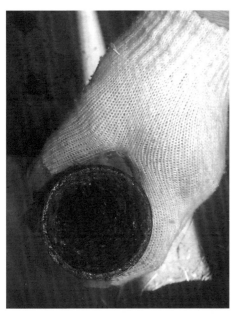

▲ 평촌지역 아파트 노후수도관 내부의 녹슨 모습

될 바엔 대여방식으로 가자. 단, 장기 저리로 하자. 대신 아파트 평수 가리지 말고 원하는 세대는 다 해주자는 것이었다. 그런 방식으로 원하는 세대 전체, 아파트 전체를 할 시에는 수억에서 수십억에 달했다. 이 돈을 경기도에서 빌리는 것이다. 그러면 관 교체 공사를 먼저 하고, 그 대금은 10년 이상 장기 저리로 해서 분기별로 한 번씩 상환을 하든가, 관리비에 포함시켜 상환시키면 깨끗한 물을 마시며 한 달에 만 원 정도씩 관리비에 더 내면 되는 것이다. 그러다가 이사를 가면 그대로 인수인계 하는 그런 방안이었다. 그런데 이 방안을 시행하려면 막대한 자금을 조달해야 하는 것이다.

내가 전반기에 기획위원회 소속으로 있을 때 지역개발기금이라는 게 있었다. 그 기금은 우리가 자동차 살 때에 채권을 매입하면서 조성된 것으로 1조가 넘었다. 1조 중에서 일부분은 매달 상환비용으로 들어가지만 그래도 항상 5~6천억 이상은 여유자금으로 남아 있다. 그 돈으로 시·군에 필요한 사업에 융자를 해주는 것이다. 예컨대, 지역에서 도로를 만드는데 돈이 부족하다면 이 기금을 2년 거치, 3년 거치 이런 식으로 융자를 주고 거둬들이는 운용을 하고 있는 것이다. 그런데 최근에는 시·군에서도 부채율이 높아진다고 이 돈을 잘 안 빌려가는 추세여서 기금만 쌓이고 있는 상태인데, 이 기금의 용도 중에는 상·하수도 배관에 대한 지원내용도 있다.

그래서 나는 수도관의 교체도 상·하수도관의 일종으로 볼 수 있다고 보고 그 근거로 지원을 할 수 있게끔 하자고 요구했는데 경기도에서는 솔직히 귀찮아했다. 공무원들의 속성이었다. 직접 이 일에 끼어드는 것이 싫으니 100억이든 200억이든 그 돈을 안양시에 빌려주겠다는 것이었다. 안양시에서 이 사업을 하고 갚으라는 것이다. 그것도 한 방법이라고 생각한 나는 조례를 만들었다. 상·하수도사업 지원에 아파트 노후배관 교체사업을 포함시켜 명확하게 지원할 수 있는 근거를 만든 것이다.

그 후 나는 김문수 지사에게 요청해 면담을 했다. 김 지사는 "이렇게 좋은 아이디어를 어떻게 냈느냐"며 "주민들이 정말 좋아 하겠다"고 높이 평가했다. 김 지사는 "적극 지원해줄 테니 먼저 안양에서 시범사업으로 해보라"며 그 자리에서 동석했던 기획조정실장에게 "안양에 필요한 만큼, 한 50억 줘서 성공할 수 있도록 지원해주라"고 지시했다.

김 지사의 전폭적인 지원약속을 얻어낸 나는 최대호 안양시장을 만났다. 마침 전체 간부들과 의원들이 간담회를 하는 자리를 갖게 되어서 내가 앞에 나가서 브리핑을 했다.

▲ 지역민과 대화를 나누고 있다

"제가 그간 거의 1년여 넘게 준비하고 경기도를 설득하고 해서 드디어 실현시킬 수 있게 되었습니다. 김문수 지사도 안양이 먼저 시범사업 하라고 약속하고 승인해주었습니다!"

최대호 시장도 좋아하며 당장 추진하라고 지시를 내렸다. 그렇게 해서 그때 이완희 부시장을 중심으로 한 태스크포스가 꾸려졌다. 그런데 거기서부터 막혔다. 공무원들은 어떻게 해서든 일을 만들지 않으려 했다. 안양시 새누리당 시의원인 심재민, 용환면 의원조차도 박용진 도의원이 추진한 노후배관교체 사업 조례안을 빨리 도입하자고 채근할 정도였지만 안양시 공무원들은 이런저런 핑계를 댔다.

"이것 하다가 나중에 민원생기면 누가 처리 하나."

"안양시에 기금으로 들여오면 부채가 많아진다."

태스크포스팀은 이런 논리를 갖다 대다가 최대호 시장한테 부정적으로 보고를 했다. 최 시장이 나를 불러서 가니, "박 의원, 우리 직원들이 이러 이러한 문제가 있어서 안 된다는데?"라고 해서 나는 "이건 시장님이 의지만 있으면 할 수 있습니다"라며 설득했지만 이미 최 시장은 어렵겠다는 판단을 하고 있었다. 결국 안양시가 결정을 내리지 못하며 평촌의 노후배관교체사업은 흐지부지되어 버리고 말았다.

시쳇말로 '가만히 있으면 중간이라도 간다'는 말이 있다. 공무원 사회라는 것은 이런 논리가 기저에 깔려있다. 어떤 일이든 욕먹을 소지는 있다. 리더가 그것을 피한다면 진정한 리더가 아니다. 공공선이라면 욕을 먹더라도 밀어붙이는 배짱이 있어야 한다.

평촌 노후배관교체사업은 내 도의원 시절 가장 심혈을 기울여 추진한 일이고, 우여곡절 끝에 성과를 이룰 수 있었지만 뜻하지 않은 좌절을 겪은 일이었다. 나는 9대 지방선거에서 도의원 불출마를 결정했지만 너무 아쉬웠기에 김상곤 경기도지사 후보 캠프에 들어가 '아파트 노후배관교체사업'을 다시 한 번 대표 공약으로 만들었다. 결국 김상곤 후보가 낙선했으니 이 사업은 중단되었다.

복지라는 것은 그리 멀리 있는 것이 아니고 대단한 것이 아니다. 주민들의 불편을 해결해 주는 것이 복지다. 노후 수도관 교체야말로 주민들의 불편한 생활을 해결해준다는 점에서 복지 중의 복지다. 내가 8대 도의원에 출마하며 걸었던 공약이었고, 아파트 주민들을 만나서 설명하니 굉장히 호응이 좋았었다. 각 동에 있는 주민자치위원회 가서 인사말하면서 이 사업에 대해서 설명하면 굉장히 관심을 보이며, "언제 하느냐", "시범사업을 우리 아파트부터 해달라"고 줄설 정도로 기대가 컸었다. 어쨌든 주민들에게 미안한 마음 금할 길 없다.

지역주민들의 편안한 삶을 위하여

내가 전반기 기획위원회 있을 때 들리는 말로는 〈경기도시공사〉 등 공기업 행정사무감사에서 간부들이 나를 가장 신경 썼다고 한다. 내가 공기업에 있었고, 15년여의 기업재무 실무경험이 있어서 자금의 흐름과 부채의 많고 적음을 떠나 캐시 플로어를 훤히 꿰차며 3년 치 재무재표를 분석해 들어가니 관계자들이 나를 어려워했던 게 사실이다. 집행부가 의원들 기분 좋으라고 립서비스로 그렇게 평가하는 경우도 있지만 실제 행정사무감사에서 내 질의는 상당히 부담스러웠던 모양이다.

후반기에 나는 경제과학기술위원회에 있었다. 그곳은 산하기관들이 꽤 많다. 그 중에 대표적인 기관이 〈경기신용보증재단〉, 〈대진테크노파크〉, 〈경기테크노파크〉, 〈경기중소기업종합지원센터〉 등으로 경제파트에 관련된 산하기관들이 많았다.

경기 중소기업종합지원센터가 하는 일은 중진공 업무랑 거의 판박이다. 자금 지원만 신용보증재단이 하고 그 외 판로지원, 마케팅지원, 기술지원 등의 지원업무는 중소기업진흥공단의 업무와 똑같다. 사실

경제과학기술위원회의 가장 큰 두 산하기관이 중소기업종합지원센터와 경기신용보증재단이어서 중소기업진흥공단에서 근무했던 나로서는 강점이 있었다.

도의원 시절 5년 동안 느낀 것 하나는 가슴에 열정을 가진 의원들이 솔직히 그렇게 많지 않다는 것이다. 어느 조직세계에서나 마찬가지지만 진짜 열심히 일하는 의원이 있는가 하면 그냥 왔다 갔다 하는 의원들도 있고, 솔직히 생계형도 있다.

임기 끝날 때까지 선거에 나올 때의 초심이 퇴색되지 않고 유지되었다면 실적을 떠나 그 자체만으로도 성공적으로 임기를 마쳤다고 할 수 있을 것이다. 시·도의원이고 혹은 국회의원이고 간에 선거 때는 "발로 뛰겠습니다!"라고 큰 소리 치지만 당선되고 나면 코빼기도 비치지 않는 경우가 허다하다. 화장실 갈 때와 나올 때 다른 것이다.

▼ 행정사무감사에서 질의를 하고 있다

이런 것들이 정치인에 대한 불신을 불러오는 큰 이유인데, 열심히 하는 의원들 중에는 사실 직접 발로 뛰는 사람도 많다. 나 같은 경우도 가급적이면 현장 돌아다니면서 거기서 소스를 얻고자 많이 노력했다.

　일반적인 예산이 아닌 내가 4년 동안 따서 가져온 도비가 대략 80억 정도가 된다. 보통 시책추진비라고 해서 의원들이 1년에 5억 정도 가지고 오면 평균인데, 나는 그 4배를 가져온 셈이다. 특히 그 중에는 교육청 예산도 꽤 된다. 내 지역구가 안양에서도 가장 잘 사는 부촌이어서 7대까지만 해도 교육시설 같은 예산을 책정할 때 서민 지역인 만안구나 호계동을 우선순위로 지원을 했다. 그런데 내가 의회에 들어가 현장조사를 나가보니 오히려 만안지역에 가보면 학교는 작지만 화장실 등 내부 시설이 아주 깨끗했는데 우리 지역의 학교는 어느 하나 제대로 된 화장실이 없었다. 천장에서 오수가 떨어지고 변기도 양변기가 아니고 쪼그려 앉는 변기시설이 태반이었다.

　내가 도의회에 들어가니 엄마들이 나를 찾아와 그런 점을 지적했다. 학교 일을 하는 엄마들은 도의원이 학교예산을 가져올 수 있다는 것을 알고 있었다. 문짝은 덜렁덜렁하고 오줌물이 고여 있는 등 엉망이라 여학생들은 학교에서 용변을 보지 않고 참았다가 집에까지 와서 본다는 것이다. 나는 그때 심각성을 깨닫고, 안양에서 제일 잘사는 귀인동의 귀인초등학교, 민백초등학교, 범계동의 범계초등학교, 평안동의 동안초등학교, 평촌초등학교, 갈산동의 남초등학교, 그리고 중학교들까지 찾아가봤다. 믿기지 않을 만큼 시설이 낙후되어 있었다.

　추산을 해보니 한 학교당 화장실 개선비가 최하 5억은 소요된다는

▲ 최대호 시장과 안양 관양시장을 돌아보고 있다

결론이 나왔다. 적은 돈이 아니었다. 그러던 중 다행히 의정활동 2년 차에 예산결산특별위원회에 들어갈 것을 권유받았다. 고생은 엄청나게 해야 하지만 아무래도 다른 의원들보다 조금은 예산을 더 가져올 수 있는 이점이 있어서, 나는 2년에 걸쳐서 학교 화장실 민원을 거의 다 해결해주었다.

지금은 평촌 지역의 초등학교 화장실에 가보면 전부 호텔 화장실처럼 쾌적하다. 화장실뿐만 아니라 교실 창문이라든가 오래되어 낡은 시설은 전부 개선해주었고, 따라서 내가 의원하면서 가장 보람 있었던 것 중의 하나는 아이들이 공부하는데 있어서 불편한 환경을 시정해주었다는 것이다. 물론 아직도 고치고 보완해야 할 시설들이 많으나 기본적으로 아이들의 위생에 관련된 것과 건강에 관련된 것만큼은 거의 해결을 해주고 도의원을 마무리 지었다는 것에 대해서 자부심을 갖고 있다.

학교뿐만 아니라 당시 신도시 공원 안의 공중화장실을 답사해보니 부서지거나 고장 난 시설이 많았다. 남녀공용이고 청소년들이 밤에 그곳을 담배피우는 장소로 이용하다보니 지저분한데다, 문도 덜렁거리고 변기가 잔뜩 막혀 물도 안 내려가는 경우가 많았다. 나는 내가 있을 때 다 해결하자는 결심을 하고 우리 관내에 있는 공원 내의 공중화장실은 다 남녀 단독으로 분리했고 범계동, 귀인동에는 새 화장실을 만들었다.

도의원 4년의 소회

도의원으로 있으면서 주민을 위해 많은 일도 했지만, 한계나 절망감도 많이 있었다. 그 중에 하나가 도의회에서 만든 조례가 도민들에게 직접적으로 혜택을 줄 수 있음에도 불구하고 상위 법령 안에서만 만들 수 있도록 규정되어 있다 보니 이념적으로 대립관계가 생기면 재의 등으로 거의 시행이 막혀버린다는 것이다.

도 집행부가 막는 이유 중에 전가의 보도처럼 들이대는 것이 상위법령 위반이다. 즉, 도민들에게 있어 정말 필요한 조례를 만듦에도 불구하고 상위법령이라는 족쇄에 걸려서 브레이크가 걸리는 것이다. 그 대표적인 예가 '상권영향평가조례'같은 경우다. 당장 호계3동, 의왕

쪽 유한양행 근방에 이마트가 들어온다고 해서 격렬한 데모가 있었는데, 그 조례가 통과되었다며 막을 수 있었다. 왜? 상권영향평가를 제대로 하게 되면 당연히 근방의 호계시장에 큰 치명타가 가기 때문에 들어올 요건이 안 되는 것이다.

우리 광역단위에서 풀뿌리 민주주의를 하는 자체가 지역민들과 밀착되어 고충을 해결해주는 것이 본령인데 상위 법령에 막혀서 약자들에게 도움이 되지 못하게 되면 심한 좌절감과 무력감이 든다.

표만 된다면 물불 안 가리고 예산을 끌어오려는 풍토도 목불인견이다. 지방의원이든 국회의원이든 어떤 정책을 통해서 자기 지역예산을 챙기는 것은 하나의 책무이긴 하다. 그러나 예산을 가져올 때 자기의 양심에 물어야 한다. 이 사업이 정말로 주민들에게 필요하고 원하는 것인가, 아니면 표를 의식한 특정 이익단체를 위한 선심용인가를 자문해봐야 한다.

▼ 본회의에서 질의를 하고 있다

예컨대 어떤 특정 체육단체를 위해서 5억을 투자해서 시설을 만들어 주었다 치자. 그런데 그 5억이면 불특정 다수가 이용하는 공원의 공중화장실 10개 이상을 개·보수할 수 있다. 똑같은 5억을 특정 단체에 썼을 때에는 불과 그 단체의 200~300명한테만 도움이 되지만 공원화장실은 수천, 수만의 다수가 혜택을 볼 수 있는 것이다. 그러나 대개의 정치인들은 확실한 표가 있는 특정 단체에 예산을 쓰는 선택을 한다. 불특정 다수가 이용하는 공원 화장실은 누가 예산을 끌어와 개·보수를 했는지 모르기 때문에 표에 별 도움이 안 되기 때문이다.

또 하나, 예산문제에 있어서 따져봐야 할 것은 실적주의, 지역이기주의에 의해 꼭 필요한 예산이 아닌데도 가져오는 경우다. 내가 많이 가져온 예산은 어디선가는 빼앗긴 예산이다. 특히 예산 운용에 있어서는 지방의원들보다 국회의원들의 각성이 요청된다. 국회의원은 지역이라는 틀을 넘어 국가 전체의 틀을 보고 예산을 심의하고 운영해야 한다. 자기 지역구에 예산을 많이 가져오려고 혈안이 되어 있는 국회의원은 국민혈세로 자기 잇속을 챙기는 것밖에 안 된다. 그 돈이 지역주민이나 지역발전을 위해 꼭 필요한 것인지, 자기 실적을 위해선지 따져봐야 한다. 어디선가 많이 가져가면 어디선가는 꼭 써야 할 돈을 못 쓰게 된다는 것을 알아야 한다.

물론 표만 생각하면 돈 많이 끌어오는 게 최고다. 그게 유능한 정치인이고. 그러나 지방의원이든 국회의원이든 자기 지역에 가져오는 돈은 국민의 혈세다.

또 내가 도의원 활동을 하며 아쉬웠던 점은 지방자치를 시작한 지

20년이 훨씬 넘었음에도 불구하고 입법 활동을 지원하는 시스템이 미비하다는 것이다. 이것은 공무원들이 많이 주장하는 것이기는 하지만 우리가 사람을 하나 쓸 때에도 중앙정부의 허락을 받아야 한다. 실제로 지방의회가 전문위원을 직접 뽑아 쓸 수 있다면 집행부에 대한 좀 더 정치한 견제를 할 수 있을 텐데, 집행부 공무원이 의회에 순환보직을 하니 어려운 일이다. 의회에 있다가 집행부로 갔다가 또 의회로 오는 식이 되다보니 의회에 있는 동안에도 직원들이 도지사의 눈치를 본다.

시·도의회와 달리 국회는 전문위원을 자체적으로 뽑는다. 그들은 국회정책 전문위원으로만 근무를 하지만 지방의회는 직원을 계속 순환 보직시키니 정책적으로, 전문적으로, 효율적으로 집행부를 견제하기 힘든 시스템인 것이다. 비단 보좌관이 없어서 직접 뛰어야 하니 힘들다는 차원이 아니다. 근본적으로 인사권 독립이 되어있지 않고, 재정적으로도 휘둘리며 계속 입법 활동이 부딪힌다는 것이다.

▲ 본회의에서 질의를 하고 있다

중앙당에서 전당대회가 열리면 대표나 최고위원에 나오는 후보들이 선거운동 하느라 전국을 돌아다니며 우리한테도 찾아온다. 묻는다. "고충이 뭐냐?" 그러면 "인사권 독립, 정책 보좌관 조력 등이 필요하다." 등등을 얘기한다. 전당대회 후보는 실현시켜주겠다고 한다. 그러나 돌아가면 감감무소식이다. 국회의원 입장에서 도의원을 키워줄 이유도 없고, 또 선거 끝나면 다 잊어버리는 것이다. 사실 국회에서 법만 바꾸면 다 되는 일이다. 보좌관을 둘 수 있는 것, 행정기구 정원 및 인력에 관한 권한은 다 국회에서 쥐고 있기 때문이다.

내 꿈으로 인한 가족에 대한 소홀함

아내는 내가 정치하는 것을 반대했다. 지금도 썩 내켜하지 않는다.

아내는 어려서부터 어려운 환경을 잘 극복할 정도로 강하고 또 지혜가 있는 사람이다. 장모님이 아내 고3 때 학력고사를 한 달 남겨놓고 갑자기 쓰러져 돌아가셨다. 아침에 대문을 나오시다 찬바람 맞고 쓰러져 돌아가셨으니 그 충격으로 공부가 제대로 손에 잡힐 리 없었겠지만 잘 극복하고 대학을 들어갔고, 지금은 한 가정의 아내와 엄마로서만이 아니라 학교 선생의 길을 걷고 있다.

장인어른도 몸이 불편하셔서 오랫동안 일을 못 하셨고, 그러다 보니 어려서부터 어려운 환경에서 학교를 다녀야 했기 때문에 아내는 굉장히 안정적인 결혼생활을 원했다. 지금처럼 내가 밤늦게까지 돌아다니면서 사람 만나는 것보다는 일찍 퇴근해서 아이들과 어울리고 주말이면 가족이 함께 놀러가는 생활을 꿈꿨다고 하는데, 결과적으로 내가 아내의 소원을 들어주지 못한 셈이 되어서 여간 미안하지 않다.

내가 정치 쪽에 발을 디디면서 아내가 많이 울었고 또 부부싸움도 했다. "당신이 가장으로서 이러면 안 되는 것 아니냐"는 말을 듣기도 했지만, 그래도 아내는 나의 선택을 묵묵히 지켜봐주었다. 마음속으로만 지원을 해주었는데, 2010년 내가 출마를 하자 학교에서 퇴근해와 선거운동을 도와주기도 했다. 아내가 직업을 가졌기 때문에 집에 오면 6시가 다 되는데, 집안 일 처리하랴, 아이들 저녁 챙기랴, 그 바쁜 와중에도 밤 9시 넘어서까지 선거운동을 도왔다.

내가 당선이 되고, 큰처남이 아내를 위로해준다고 밥을 샀는데, 그

▼ 2007년 무렵 아내, 두 아들과 함께

자리에서 아내가 펑펑 울었다고 한다. 내가 당선되어 좋아서 운 게 아니었다. "우리 남편이 정치에 한번 발을 들여놓은 이상 앞으로의 삶이 순탄치 못할 것 같아"서 울었다는 것이다.

나는 아내와의 사이에 '태윤', '찬우' 사내아이만 둘을 두었다. 지금 큰 애가 고등학교 2학년이고 작은 애가 중학교 1학년이다. 내가 밖으로 많이 돌아다니다 보니 아이들 교육은 주로 아내가 전담한다.

아내는 아이들이 어렸을 때부터 책을 많이 읽게 했다. 영어교사이다 보니 특히 영어를 많이 들려주었는데, 단어를 외우거나 쓰기는 전혀 하지 않고, 의미를 알든 모르든 계속해서 들려주었다. 그것이 지금 아이들에게 많은 도움이 되고 있는 것 같다.

나는 천편일률적인 성적 위주의 공부보다는 가급적이면 아이들 특기와 적성에 맞게끔 부모가 맞춰주는 교육을 하는 것이 좋다고 생각한다. 나 또한 부모님이 스스로 알아서 하도록 뒤에서 묵묵히 지켜봐주셨다. 나도 아이들을 지켜보면서 진로지도를 하는 편인데, 사실 큰 아이는 공부에 적성이 안 맞는지 성적이 중위권 정도이고, 그에 반해 둘째 아이는 하라 마라 안 해도 알아서 하는 성격에다 성적도 괜찮은 편이다.

특히 가정교육에 있어서 의식적으로 노력하고 있는 것이 있다면, 내가 어려서 스스로에게 엄격하고 절제하는 아버지 모습을 보고 컸듯이 나 또한 아이들에게 가급적 흐트러진 모습을 보이지 않으려고 한다. 가정교육이라는 것은 말이 아닌 보여주는 것이라고 생각하기 때문이다.

아이들 교육에 있어서도 아내가 내 몫까지 하고 있어 여러모로 미안하다. 특히 직장을 다니다 보니 퇴근해서도 쉬지 못하고 집안 살림하랴, 아이들 건사하랴, 고생이 많다. 프러포즈 하면서 평생 호강시켜주고 행복하게 해주겠노라고 약속했는데, 그 약속을 지키고 있지 못해 자책감이 크다.

또 하나 덧붙이고 싶은 것은 정치에 몸을 담은 지금이나 그 전이나 내게 있어서 처남들, 특히 큰 처남이 나의 가장 든든한 후원자다. 정치활동하면서 나는 고민이 있으면 큰 처남과 상의하고, 조언을 구한다. 사실 성향에 있어서 큰 처남과 나는 약간 다르다. 큰 처남은 고향이 부산에다가 오랫동안 사업을 하시다 보니 보수적인 성향을 갖고 계시다. 나는 그 반대이니 크게 부딪힐 것 같지만 그렇지는 않다. 서로 상대방 입장을 이해해주고, 대신 큰 처남은 진보 보수를 떠나 좋은 정치를 해야 한다는 것이 신조다. 품격을 갖춘 사람이 정치를 해서 품격 있는 정치를 해야 나라가 제대로 선다는 소신을 갖고 계시다. 여기에 무슨 이념차이가 있겠는가. 나도 처남도 이에 100% 공감한다.

아버지의 타계, 그리고 내가 가는 길

2008년 3월 아버지는 일흔 둘에 돌아가셨고, 어머니는 지금 광주에서 여동생 부부와 함께 사신다. 요즘 평균 수명이 여든 정도인데 아버지가 일찍 돌아가신 것이다.

아버지는 90년대 말에 정년퇴직 하셨다. 뒤늦게 시험공부를 해서 말단이지만 안정적이라는 공무원 직에 계셨기 때문에 나는 부유하지는 않았지만 그다지 어렵게 살지는 않았다. 아버지가 퇴직하실 때는 7급 정도였지 않았나 싶은데, 주로 도로포장 하는 현장에서 근무하시다 보니 항상 사고 위험이 있었고 실제 죽을 고비도 몇 번 있었다.

남원에 살 때로 비 오는 날 밤 아버지가 1톤 트럭을 몰고 오는데 헤드라이트가 고장 나서 손전등으로 비추면서 오셨던 기억이 있다. 광주에 살 때는 뒤에서 차가 들이받아서 운전하던 아버지가 그냥 앞 유리를 뚫고 튕겨 나가는 사고를 당했다. 그때 병원에서도 돌아가신 줄 알았다고 할 정도였다. 어머니가 울고불고 하셨고 우리는 병원에 못 오게 했는데, 나중에 들은 바로도 그때 아버지가 돌아가시지 않은 게 천우신조라고 했다. 이밖에도 항상 도로현장에 있다 보니 아버지에게는 크고 작은 사고가 많았다.

어쨌든 90년대 말 무사히 정년퇴직 하신 아버지는 광주의 집과 안양 우리 집을 왔다 갔다 하시면서 소일하셨다. 당시는 아버지가 신촌동 우리 집에 와 계셨는데 어느 날부터 심한 기침을 하시더니 등이 아프다고 하셨다. 그러시다 광주에 내려가시게 되어 그곳 병원에 가셨는데, 큰 병원을 가보라는 검사 결과가 나왔다는 것이었다.

그래서 2007년 8월에 아버지를 모시고 아산병원에 갔다. 진찰을 받고 당일 결과가 나오지 않아서 일단 아버지는 광주로 내려가셨는데, 나중에 폐암3기라는 청천벽력 같은 진단이 나왔다. 아산병원에서 치료를 받으셨지만 암이 급속도로 전이되며 결국 아버지는 광주로 내려가서서 화순에 있는 전남대병원 암센터에 입원을 하셨다. 사실상 치료가 불가능한 상태로 진입했고, 그곳에서 치료를 받으시다가 2008년 3월 11일 아침 9시에 운명하셨다.

아버지는 굉장히 검소하시고 꼼꼼하신 분이었다. 장례를 치르고 유품을 정리하는데, 어머니가 아버지 유서라며 편지 한 장을 보여주셨다. 보니 2007년 폐암선고 받고 나서 쓰신 것 같았다. 그때만 해도 기침은 심하지만 어느 정도 기력이 있으셨으니까 줄줄이 내용을 쓰셨는데, 그 중에서도 '막내딸이 가장 마음에 걸린다'라는 내용이 핵심이었다.

나도 중소기업이었지만 굳건히 잘 살고 있고, 광주에 사는 누나도 매형이 탄탄한 사업체를 운영하시는 분이라 잘 살고 있는데, 누이동생은 남편이 직장도 조금 불안하고 걱정이 많으셨던 모양이다. 게다가 어렸을 때 머리를 다쳐 큰 수술까지 받은 적도 있어서 아버지는 막내를 가장 애틋해하셨다. 그래서였는지 아버지는 짬짬이 모은 돈이 있다며 그 돈을 막내한테 주라고 쓰신 것이었다. 삼남매 키우면서 회사에서 대출받았던 것들 하나씩 다 갚으시고, 퇴직하신 후에 나와 누나가 조금씩 용돈 드린 것을 쓰지 않고 모으신 돈이었다. 그 돈이 한 5천만 원 정도 되었다.

아버지는 암 진단을 받고 기력이 쇠잔한 상태에서도 버스 한 번 타면 5분이면 될 거리를 30분을 걸어 다니셨다. 가시다 힘들면 앉아서 쉬고 쉬고 하셨다. 그 버스비 천 원을 아끼려고 말이다. 그렇게 검소한 생활로 당신 혼자 박봉을 쪼개서 삼남매를 다 대학까지 가르친

▲ 아버지, 어머니, 그리고 나의 아들 태윤, 찬우

것이다. 나는 그런 아버지에 비하면 빵점이다. 그러나 그런 아버지가 계셨기에 사람이 어떻게 살아야 하는지를 배웠고, 그렇게 살기 위해 노력하고 있는 것이다.

　나는 내 아들 둘이 공부를 안 하면 나무라기도 하고 말 안 들으면 체벌도 한다. 그런데 아버지는 내가 어렸을 때 전혀 그런 적이 없다. 친구들을 봐도 그렇고 옛날 아버지들이 대개 자식들을 때리기도 하고 무섭게 키웠는데 아버지는 우리들한테 손 한번 댄 적이 없다. 아버지는 자신에게는 엄격한 분이셨지만 우리들에게는 한 없이 너그러운 분이었다.

　그런 반면에 어머니는 회초리를 드셨다. 어려서 어머니한테 회초리를 맞은 기억이 많이 난다. 공부 안 한다고 빗자루로 종아리도 맞고 말썽 피운다고 혼난 기억이 있는데, 주로 어머니한테서였다. 그러면서도 어머니 역시 인자하셨다. 검소하신 거로 치면 어머니도 사실 아버지 못지않다.

내 자신이 아버지를 도저히 따라갈 수 없다는 자책감도 있지만, 그분의 뜻에 따르지 못하는 삶을 살고 있는 것 같다는 자책감도 컸다. 아버지가 말씀은 안하셨지만 내가 고위공직자로 가줬으면 하는 바람을 갖고 계셨다는 것을 잘 안다. 대학 졸업하고 공기업 들어갈 때도 아버지가 좋아하셨지만 오래지않아 그만두고 자기 일을 하겠다며 불안정한 생활을 하는 것을 보시고, 속으로 걱정도 많이 하시고 섭섭도 하셨을 것이다. 그렇게 아버지를 2008년 3월에 허무하게 보내고 나니 나는 너무 아버지께 죄송했다.

'아버지가 나를 이렇게 번듯하게 키워주셨는데 나는 하나도 보답한 것이 없다.'

이런 자책은 나의 일을 앞당겼다. 그때 굿맨파트너스를 설립했고, 스스로 민주당에 입당하며 현실정치에 발을 디뎠다. 물론 지금은 하나의 길로 정리되었지만 '이제부터 당당히 내 길을 걷자', '그동안 꿈꿔왔던 일을 실현하자', '그래서 아버지한테 부끄럽지 않은 아들이 되자'는 것이었다.

V
공공도시를 꿈꾸며

청년창업과 스타트업 지원 인력풀시스템을 국가적인 틀로 상시화 한다면 일자리 문제의 상당부분을 해결할 수 있는 고용창출을 불러올 것이라고 나는 확신한다.

너른 바다를 향해

　나는 2014년 지방선거에 나가지 않았다. 도의원으로서 활동하며 전도유망하다는 평가를 받았고 따라서 주위에서는 더 출마할 거라는 예상을 했었기 때문에 의외라는 반응이었다. 다들 내 불출마의 꿍꿍이속이 무엇인지 궁금해 했다. 결론부터 말하라면 도의원은 내가 이루려는 꿈의 한 과정일 수 있으나 목적이 될 수는 없다. 그런 점에서 한 번의 임기로 그친 것은 안주하려는 나를 제어하기 위해서였다.

　시·도의원도 권력이라면 권력이다. 도의원으로서 나이가 젊은 편에 속했던 나로서는 그런 권력이 꽤 안온했고, 2선 3선을 욕심낼 수 있었다. 그러나 내가 꿈꿔왔던 '다 같이 잘 살자'는 공공선으로 가는 길에 도의원은 '일단'은 될 수 있지만 '전체'는 될 수 없다. 그렇다고 도의원이 하는 일이 결코 작다는 것은 아니다. 다만 이 시점에 내가 서 있을 자리가 아닐 뿐이다.

도의원은 우연히 내게 다가왔고, 도의원 출마가 나중에 총선출마의 발목을 잡을 수 있다는 생각이 안 든 것은 아니다. 그러나 그런 고정관념에 굴종하는 것은 나의 도전, 내가 가고자 하는 새로운 세계에 대한 부정이라고 생각했다. 그리고 나의 도의원 생활은 국제환경의 대전환이라는 명제 앞에 대한민국이 나아갈 길과 현실적 대안을 제시할 수 있는 지표를 설정할 수 있는 고귀한 기회였다.

나는 '안양 동안 을'지역에서 총선출마를 할 계획을 세워놓고 있다. 이 시점에서 이런 결단을 내린 중요한 이유는 지금과 같은 새정치민주연합 체제로는 새누리당의 심재철 후보를 이기기 난망한 일이라는 생각이 들었기 때문이다.

▼ 행정사무감사에서 질의를 하고 있다

심재철 의원은 안양 동안 을에서 내리 4선을 했다. 즉 이것은 민주당 후보가 내리 4번을 졌다는 말이 된다. 그런 점에서 나는 새누리당에게 4선을 허용한 우리 새정치민주연합의 통렬한 자기 성찰이 필요하다고 본다.

2011년 민주당 안양 동안 을 지역위원장 대행을 맡게 되어 지역의 사정을 속속들이 들여다 본 나는 '우리 지역에서 새로운 인물이 아니면 총선 돌파가 어렵겠다, 이 지역을 바꾸기 힘들겠구나'라는 것을 절감했다. 새정치민주연합이 안양 동안 을에서 만성적인 패배, 만능패배주의에서 벗어나려면 새로운 틀, 새로운 인물이 필요하다고 생각을 했고, 그런 차원에서 내가 나서야겠다는 결단을 내린 것이다.

총선출마는 큰 테두리에서 보면 지역을 바꾸기 위해서라는 것도 있지만 국회의원을 하겠다는 것이 내게 있어서 목적이 될 수 없다. 수단은 될 수 있지만 그 자체가 목표는 아니다. 큰 틀에서 국가를 새롭게 디자인할 수 있는 측면에서 본다면 국회의원은 하나의 수단이다. 공공선이라고 했을 때, 자치단체장을 할 수도 있고 시민단체 활동을 통해서도 할 수 있지만, 그 중에서 국회가 가장 현실적으로 국가의 혁신을 이룰 그런 역할과 포지션을 갖고 있는 것이고, 그런 점에서 나는 국회의원에 끊임없이 관심을 가지고 있었던 것이다.

국회의원이 수단이면 목적은 무엇인가? 공공선의 세상이다. 따라서 현실을 바꿔보려는 수단, 세상을 바꾸는 측면이라고 한다면 국회의원은 그에 가장 걸맞는 효율성을 가지고 있다고 나는 생각한다.

우리나라에서 가장 욕을 먹는 사람은 정치인일 것이다. 물론 구조적인 문제 등 여러 요인이 있지만 현재의 한국정치가 국민들의 기대에 한참 못 미치고 있다는 것은 두 말할 나위없다. 그런 점에서 공공선이라는 신념을 가진 나 같은 사람이 한국정치에 필요하지 않을까?

공공도시를 꿈꾸며

중언부언이지만 내가 국회에 들어가겠다는 것은 수단이다. 공공선의 세상을 만드는데 국회의원이 지금의 나로서는 가장 적합한 방안이고 효율적이기 때문이다. 그럼 내가 바꾸고자 하는 세상, 만들고 싶은 공공도시는 무엇인가? 나는 2014년 9월 안양 호계사거리에 〈공공도시연구소〉 사무소를 열었다. 공공도시란 '참여와 소통을 통해 공공복리를 추구하는 도시공동체'를 뜻한다. 우리 공공도시연구소의 취지문을 발췌해 소개한다.

- 공공도시연구소는 참여와 소통에 기초한 풀뿌리민주주의가 정착되고 사람중심의 사회적 경제가 지역경제의 근간이 되며 우애와 협력의 지역공동체가 발현되는 공공도시 실현을 목적으로 하는 비영리단체입니다.
- 공공도시연구소는 지역발전을 위해 지방자치단체, 지방의회, 시민사회의 활동이 공공성을 중심으로 강화될 수 있도록 관련 정책을 조사, 연구하고 지원합니다.

- 공공도시연구소는 연구자, 전문가, 시민이 함께 참여하는 학습과 토론을 통해 지역 공론장의 형성을 위해 활동합니다.

또한 우리 공공도시연구소가 현재 연구하고 있는 과제를 소개하면 다음과 같다.

① 참여와 소통 / 시민, 지방자치단체, 지방의회 사이의 자유롭고 평등한 의사소통을 이루기 위한 방안
② 사회적 경제 / 지역경제 발전 동력인 사회적 자본 형성과 지역 순환 경제
③ 보편적 복지 / 시민기본권으로서 복지 문제와 부문별 실현 정책
④ 마을 만들기 / 마을 중심의 건강한 공동체 복원

사실 공공도시라고 했을 때 쉽게 다가오지 않는 측면이 있다. 공공도시는 말 그대로 공공선, 공동선, 그리고 공공의 이익을 추구하는 것이고, '다 같이 잘 살자'는 뜻이다. '아름다운 동행, 따뜻한 성장'으로 요약될 수 있는데, 특히 소외가 없는 도시, 어두운 그늘이 없는 도시, 물질보다는 사람이 중심이 되는 도시공동체가 되어야 한다는 뜻이다. 사람이 중심이 된다는 것은 기본적으로 소통과 참여를 통한 우애와 협력, 상생과 호혜의 네트워크를 통한 공공의 복리를 이루는 마을, 도시공동체인 것이다.

공공도시연구소는 이런 연구 활동과 더불어 다양한 문화 프로그

▲ 안양 호계사거리에 있는 공공도시연구소

램을 운영하며 안양시민과 함께 하고 있다. 이 문화 프로그램에는 '범개울문화기행', '범개울마을학교'가 있는데, 우리 공공도시연구소가 있는 호계사거리는 예부터 호랑이가 많이 살고 개천이 흘렀다고 해서 '범개울'이라고 불렀다.

'범개울문화기행'은 경기권역의 유서 깊은 지역을 찾아 역사와 문화를 탐방하고 공유하는 것인데, 공공도시연구소가 창립된 2014년 10월부터 시작했다. 그동안 찾은 지역을 보면 서울 북촌의 한옥마을, 북한강변의 남양주에 있는 정약용 생가, 경기도 화성의 남양 성모성지, 임진각 평화누리공원, 경기도 여주의 세종대왕릉과 효종대왕릉, 경기도 구리의 고구려박물관 등이 있다.

범개울문화기행은 매월 둘째 주 토요일에 가는 기행으로 처음에는 어른들이 주로 참여했지만 교육적 가치를 더하며 지금은 초등학생들까지 적극적으로 참여하고 있다.

'범개울마을학교'는 전래놀이 지도사를 양성하는 교육과정인데, 교육수료 후 이 자격을 가진 마을 선생님들이 방과 후 수업이나 아동

▲ 2015년 10월 범개울문화기행 / 명성황후 생가에서

센터, 청소년 수련관, 노인회관 등에서 전래놀이를 지도하며 주민과 함께 노는 프로그램이다. 예부터 마을은 더불어 사는 공간인데, 산업화와 핵가족화로 인해 공동체가 붕괴되고, 그러면서 아이들의 놀이문화가 사라졌다.

우리 공공도시연구소는 '더불어 사는 공동체의 가치'를 추구하며 2015년도 8월 25일부터 '세상을 바꾸는 놀이의 힘'이라는 주제로 마을학교를 개강했다. 평소 안양지역 아동교육에 관심 있는 젊은 학부모들이 참여해 비석치기, 팔자놀이, 고무줄놀이, 공기 등의 전래놀이를 가르치기도 하고 함께 한판 신명나게 노는 것이다.

'공공도시'라는 '함께 잘 살자'는 가치엔 '어울림'이라는 의미가 들어있다. 그러기 위해서는 함께 나들이도 하고 우리 역사를 이야기하는 마을공동체 같은 단위의 어울림부터 시작해야 한다. 공공이라는 정신은 각자 흩어져서 각기 살아가는 개인주의가 아니라 나눔과 협동을 전제로 한다. 문화와 놀이는 지역공동체의 기본인 것이다.

도시공동체는 궁극적으로 지자체, 지방의회, 지역 국회의원의 권한과 관심으로 구체화될 수 있는 것이다. 그런 점에서 안양시민의 생활 실태를 면밀히 살펴볼 필요가 있는데, 안양 동안 을에 국한해 보면 평촌과 호계동 지역의 생활 격차가 심하다. 소득 격차는 교육 격차로 이어진다. 사실 소득 자체를 정치인이 해결해 줄 수 있는 것은 아니다. 그러나 격차를 줄이고 저소득으로 인한 불편한 생활은 정치가, 국가가 해결해주어야 한다. 그러기 위해서 지방의회에서부터 국회까지 정치가 있는 것이다.

동안 을은 평촌과 호계동이라는 두 개의 축으로 구성되어 있는데, 생활양식이 판이하다. 평촌 신도시는 서울에 직장이 있는 사람들이 주를 이루고, 호계동은 지역 내에서 경제활동을 하는 자영업자들이 많다. 따라서 호계동 주민들은 지역경제에 많은 영향을 받는데, 그런 점에서 본다면 지역 일자리를 창출할 수 있는 기반시설이 없다는 것도 문제다. 예를 들어 성남 같은 경우만 하더라도 판교 테크노밸리가 많은 고용을 창출하고 그로 인해 주변의 자영업자들의 소득증대에 도움을 주는데, 안양 동안에는 그런 클러스터가 없다. 그런 점에서 주민들의 불편과 불만이 있고 만약 교도소가 이전하게 된다면 지역 주민의 소득에 도움이 되고, 궁극적으로 주민의 삶이 윤택해지는 기제가 되는데 중지를 모아야 할 것이다.

그러나 지역으로만 한정하는 도시공공성은 한계가 있다. 따라서 내가 의미하는 도시공공성은 특정 지역성을 뛰어넘는다. 지역이 모여 국가가 되듯, 역으로 국가의 삶이 지역의 삶으로 귀결된다. 지금 우리나라는 OECD 10위권의 경제력을 가진 나라다. 그러나 그에 걸맞게 행복한가? 우리나라는 OECD국가에서 행복지수가 가장 낮은 나라에 속한다. 자살은 OECD국가 중 1위다. 나라가 이렇게 되어 있는데, 과연 정치인들이 얼마나 경각심을 가지고 있으며, 무슨 노력을 하고 있는가?

우리가 압축성장으로 빠르게 물질의 풍요를 이루다보니 정신의 풍요는 따라오지 못했다. 특히 물질의 풍요라는 것도 고루 분배되지 못한 양극화라는 어두운 그림자를 만들었고, 이는 한국사회의 심각한 갈등과 대립의 근원이 되어 통합되지 못하는 핵심요인이 되고 있다.

나는 국회의원이 자기 지역구에 무슨 시설을 만들어주겠다는 차원으로 접근하는 것을 경계한다. 흔히 지방의원을 두고 지역주민의 삶에 밀착해 풀뿌리 민주주의를 실현하는 역할이 중요하다고 한다. 이 말은 상대적으로 국회의원이 지방의원보다 더 중요하냐 아니냐를 떠나 지역을 뛰어넘는다는 의미일 테다. 지역구에 기업체를 유치한다는 등 이런 차원으로 접근하는 것은 지역문제의 근본적 해결책이 될 수 없다. 나라 전체라는 틀로 지역을 봐야 한다.

지금 청년들이 대학을 졸업해도 취직할 데가 없다. 이는 우리 지역 청년들만의 문제가 아니라 나라 전체 청년들의 문제다. 이 문제는 국가라는 틀로 해결할 수밖에 없다. 우리 지역의 젊은이들만 취업시킬 방안은 존재하지 않는다.

저성장, 고용 없는 성장 시대에서

지금 우리 앞에는 엄청난 변화가 닥쳐있다. 그 중 하나가 '고용 없는 성장', 혹은 '저성장' 시대를 맞고 있다는 것이다. '고용 없는 성장'에서 이 '성장'이라는 것도 실제로는 의미가 없다. 과거 우리가 10%대 고성장도 했지만 7~8%, 4~5% 성장을 거쳐서 2008년 이후로는 2, 3%대로 거의 평균치를 이루고 있기 때문이다.

국책연구기관인 한국개발연구원(KDI)은 한국의 잠재성장률이 2011~2015년에는 3.1%이지만 10년 뒤인 2020년대 중반에는 1.8%로 떨어질 것으로 전망하고 있다. 결론은 한국 경제의 저성장이 고착화 될 것이라는 점이다.

'저성장'과 '고용 없는 성장'은 같은 말이다. 즉 이것은 젊은이들의 취업 문제가 일시적인 문제가 아닌 구조적이고 거시적인 새로운 시대로 진입했다는 것을 의미하는 것이다. 혹자는 저출산 고령화로 인한 소비부진을 원인으로 꼽는다. 저출산 고령화 문제는 고용뿐만 아니라 미래의 대한민국에 암울한 그림자를 드리우는 큰 사회적 문제다. 2016년부터는 15~64세 생산가능인구가 줄어들고 2036년에는 생산인구 2명이 노인 1명을 부양하는 시대가 도래할 것으로 전망되고 있기 때문이다. 연금과 건강보험 재정 고갈 등 사회보장에서부터 세대갈등까지 역삼각형 사회가 불러올 문제는 한두 가지가 아니다. 이런 구조에서 우리 세대가 대책을 세우지 못한다면 어느 순간에는 국가가 완전히 정체되는 그런 상황이 올 수도 있는 것이다.

우리 정치는 이런 시대를 맞았어도 고민하지 않는다. 그저 이념싸움에 몰두할 뿐이다. 저성장 시대의 대안은 뭔가? 그 대안을 만드는 일이 정치인이 할 일이다. 국가적인 큰 틀에서 자라나는 아이들, 그리고 젊은 층이 제대로 자리를 잡아야 미래에 그들로부터 부양을 받을 수 있는 건데, 역삼각형 구조로는 어려운 일이다. 지금 기성세대가 젊은 세대에게 포지션을 잡아주지 못하면 결국 부메랑으로 돌아오고 말 것이다.

국가는 일자리를 떠나 우리의 미래사회가 떠안을 저출산 고령화 문제에 대한 근본적인 대책을 세워야 한다. 그런데 정부가 2015년 10월 19일 내놓은 제3차 저출산·고령사회 기본계획 시안(2016~2020)을 보면 실망을 금할 수 없다. 신혼부부의 전세대출 한도를 1억에서 1억2000만 원(수도권 기준)으로 올리고, 신혼부부의 나이가 어릴수록 임대주택 청약 시 가점을 준다는 것과 국민연금을 받는 연령(61세)과 정년퇴직 연령(60세)을 일치시키고, 2018년 이후 정년을 60세에서 65세로 연장하는 방안을 검토하는 것을 골자로 하고 있다.

당장 참여연대가 "전통적 가족중심적 사고에 기반한 시대착오적 대책"이라며 비판하고 나왔지만 젊은 층이 결혼을 미루는 주 원인이 취업난 때문인데 그에 대한 현실적인 대책이 보이지 않는다. 특히 OECD 최고의 노인빈곤율에 대책도 없고 경제정의와 공평과세를 통한 세수증대, 돌봄서비스를 중심으로 한 공공부문 좋은 일자리 확대, 공공임대주택 대량 공급 등 보다 근본적이고 획기적인 대책이 없다. 청년일자리 대책도 그간 발표된 정책을 열거한 종합판에 지나지 않는다. 고령화 대책에서 정년을 연장하는 것은 나름 일리가 있지만 청년일자리 확대와 정년 연장은 서로 상충되는 개념이다.

잡다한 아이디어를 끼워 넣는 식으로는 저출산 고령화의 흐름을 바꿀 수는 없다. 저출산·고령화 문제는 적어도 15~20년을 내다보고 정권이 어떻게 바뀌든 상관없이 일관적으로 추진하는 거시적 대책을 세워야 한다. 일본·프랑스처럼 저출산을 국가비상사태로 선포하고 국가와 범정치권 차원에서 접근할 필요가 있다. 이 문제 또한 우리 공공도시연구소가 고민하는 과제다.

저출산 고령화로 인한 소비저하가 불러온 저성장이 한국적 특수성, 대한민국 고유의 문제라면, 아날로그에서 디지털 시대로의 변화, 혁명적이랄 수 있는 IT산업으로의 대변화가 불러오는 고용 없는 성장은 세계적 현상이다.

전자동시스템, 모든 업무에 IT시스템이 도입되면서 사람이 하는 일이 줄고, 머잖은 미래에 인공지능 로봇이 인간의 일자리를 대신할 것이다. 그뿐인가. 컴퓨터 프로그램의 발전은 문과계통의 업무를 쉽게 만들었고 일자리도 통폐합시켰다. 며칠에 걸쳐 겨우 할 수 있는 서류작업을 이제는 몇 초면 한다. 인문계 직종은 몇몇을 빼곤 사라지고 있다. 또한 mp3, 내비게이션, 지도, 전화번호부, 종이신문, 지역신문, 통신 등등이 스마트폰으로 들어왔다. 당연히 이런 산업은 침체되고, 일자리가 사라지는 것이다.

또 하나는 우리나라 산업을 주도했던 반도체, 자동차, 조선, 화학, 철강 산업이 국제 경쟁력을 갖춘 중국기업들에게 잡히고 있는 현실이다. 세계적인 우리 산업들이 줄줄이 글로벌 경영환경 변화에 따른 경쟁력 저하 위기를 맞고 있는 것이다. 조선, 철강은 공급과잉과 더불어 국제시장에서 임계점에 다다랐다는 분석도 있거니와, 변화와 혁신을 게을리 한다면 소니나 노키아, 모토로라처럼 삼성의 스마트폰도 결코 살아남을 수 없다.

한국기업들의 글로벌 경쟁력 저하는 기술경쟁력 저하와 서로 맞물려 있다. 전문가들은 한국 기업들이 원천기술 확보 등 인프라 확보에 게을리 하는 동안 글로벌 시장에 새로운 경쟁자들이 진입하면서 설 땅이 갈수록 좁아지고 있다고 보고 있기 때문이다. 그러나 나는 대기업의 글로벌 경쟁력을 떠나 우리에게 지금 닥친 시대는 대기업체제의 시효가 끝났음을 의미하는 거라고 본다. 가령 지금처럼 현대나 삼성 같은 거대기업을 국가적인 차원에서 밀어주어 그 낙수효과로 국민경제를 이룬다는 논리는 더 먹히기 힘들다는 뜻이다. 고성장시대에는 욕망이 충돌하고 경쟁하고, 승자가 독식하고 승자가 나눠주는 시대였다. 하지만 이제는 대기업 주도의 성장주도, 수출주도식의 낙수효과가 더 이상 작동하지 않는다.

얼마 전 라디오를 듣다가 이런 농담을 들었다. 생산시스템이 기계화, 자동화되어 버려서 머잖은 미래에는 딱 사람 한 명과 개 한 마리만 있으면 된다는 것이다. 사람이 하나 있는 이유는 개의 밥을 줘야 해서고, 개는 이 한 사람이 기계를 관리해야 하는데, 혹시 이 사람이 쓰러지면 개가 깨워야 한다는 것이다.

웃지 못 할 농담인데 실제로 지금과 같은 상황이 계속되면 이런 일이 현실화 안 된다는 보장이 없다. 그래서 우리 공공도시연구소가 이런 문제에 관해서 고민을 많이 한다. 청년실업 문제를 해결하기 위해서 대통령에서부터, 정당대표, 각 지자체장이 툭하면 일자리를 몇 만 개 만들겠다, 이런 말을 하는데 진실성이 결여된 얘기다. 과거 10명이 하던 일을 이제 2, 3명이 하는 시스템으로 바뀌어 버렸다. 그러니 기업체들에게 직원을 많이 뽑으라고 해서 될 일이 아니다.

일자리 문제는 각각의 문제가 아니라 다 연결된 문제들이다. 취직이 안 되기 때문에 결혼을 안 하고 결혼을 안 하기 때문에 아이를 낳지 않는다. 아이를 낳는다 해도 보육과 교육을 감당하기 어려운 것이 한국의 현실이다.

이런 시대에서 우리의 먹거리와 지속가능한 성장 동력은 무엇인가? 고용 없는 성장, 저성장의 시대를 어떻게 돌파할 것인가? 이런 대변환기에서 과연 한국정치는 무엇을 하고 있는가? 솔직히 나는 현재의 한국 정치세력으로는 이런 시대를 돌파할 수 없다고 보고 있다.

그러나 일자리 창출은 가능하다

전문가들도 고용 없는 성장시대를 거의 불가항력적으로 받아들인다. '아프니까 청춘이다' 등의 저작활동과 강연을 통해 한국사회를 활발히 얘기하고 있는 서울대학 김난도 교수는 "갈등을 줄이면 경제성장 효과를 낼 수 있다"라며 '사회적 비용을 줄이는 것'으로 저성장 시대를 돌파할 수 있다는 해법을 제시했다. 경제 자체보다는 사회 문제로 접근을 하고 있는데다 해법이라고 하기엔 너무 추상적이고, 모호하다. 나는 저성장 시대를 돌파할 수 있는 구체적인 대안을 갖고 있다.

우리 공공도시연구소가 사회·경제 부분에 대해 고민을 많이 하는데 나는 고용 없는 저성장시대의 대안을 스타트업(벤처기업)에서 찾아야 한다고 본다. 특히 청년창업이 핵심이라고 본다. 이때 중요한 것은 창업에 대해 국가가 어떤 역할을 할 것이냐이다. 즉 사회·경제의 공공선이다.

내가 2009년 〈굿맨파트너스〉를 설립했을 때, 사업 아이템 하나가 중소기업 컨설팅이었는데 그 핵심이 사후관리였다. 미국 같은 경우 스타트업 계열이 잘 되는 것은 벤처캐피탈이 토털케어를 해주기 때문이다. 자금을 지원해 주게 되면 그때부터 마케팅이랄지, 경영이랄지, 사업에 필요한 모든 것들을 조력해준다. 그렇기 때문에 전문가의 토털 케어 시스템의 보호 속에 리스크 없는 사업을 할 수 있는 것이다. 안철수 의원도 언젠가 언론 인터뷰에서 이런 내용을 얘기한 적이 있다. 왓튼스쿨에서 MBA를 따고 왔을 당시 이런 얘기를 해서 공감한 적이 있다.

우리는 자금을 지원해주면 그것으로 끝난다. 그러다가 나중에 소식이 없다 보면 회사가 어려움에 빠져있고, 그때 가서 부랴부랴 부실 채권 회수한다고 난리다. 또 이미 사업체는 죽어 가는데 그때 인공호흡기 대봤자 아무 소용이 없다. 우리도 자금에서부터 법적인 문제라든가 회계적인 문제까지도 변호사나 회계법인과 MOU을 맺어서 케어를 해주는 창업지원시스템을 만들어야 한다. 이런 전체지원 시스템은 스타트업을 활성화시킬 뿐만 아니라 엄청난 일자리를 창출시킬 수 있다.

지금 우리나라는 고령화 사회로 진입하며 대기업과 전문가 집단에서 은퇴자들이 쏟아져 나오기 시작하고 있는데 이는 엄청난 자원들이다. 그런 사람들을 국가가 채용해 경영컨설팅 인력풀로 이용하는 것이다. 그러면 육십 넘어서 은퇴해 굳이 바늘구멍 같은 성공률이 희박한 삼겹살집, 치킨집을 차려서 경쟁을 할 필요가 없다.

은퇴자들 중에는 재무전문가도 있고, 인사관리, 해외 마케팅전문가도 있다. 내가 보기엔 1조 정도 예산을 풀어 국가적으로 스타트업 지원 은퇴인력 풀 시스템을 만든다면 현재 우리가 처한 고용 없는 성장의 시대를 돌파하는 충분한 대안이 될 수 있다.

꼭 스타트업 계열만이 아니다. 시화공단, 반월공단 등에 있는 이런 중소기업들은 대개 기술자 출신의 오너가 경영을 이끌어 가는데 사실 내부적인 경영시스템을 보면 굉장히 후진적이다. 경리 여직원 하나 두고 오너가 오더 따오고, 생산관리 하고, 유통까지 한다. 그런데 이런 중소기업에서 필요하다고 해서 전문 인력을 쓰려면 너무 부담이 된다. 그러니 필요한 인력의 도움을 받을 수 없고, 그러면서 전근대적인 경영시스템의 악순환이 반복되고, 기업이 더 발전하기는커녕 퇴보와 소멸의 길을 걷는다.

그렇게 봤을 때 고령사회에서 쏟아져 나오는 대기업 은퇴자, 전문가 풀 제도를 국가가 만들어 창업회사나 중소기업에게 지원해준다면 누

▲ 도의원 시절, 경제과학기술위원들과 함께 소상공인창업박람회장에서

이 좋고 매부 좋은 격이 되는 것이다. 창업의 활성화와 중소기업의 경영개선으로 수많은 일자리를 만들 수 있어서 고용 없는 성장의 시대를 커버하는 현실적인 대안이 될 수 있는 것이다. 청년층은 창업하고 장년층은 창업회사를 지원해주면서 시너지가 극대화되며 윈윈 하는 것이다.

물론 이런 인력 풀 시스템은 국가가 지원을 해야 하고, 성공한 창업이나 중소기업도 일정부분 비용을 부담하는 것으로 하면 된다. 국가가 이 예산을 전담하면 막대하다고는 하겠지만 4대강 예산에 비하면 충분히 가능한 예산이라고 생각한다.

스타트업 지원 인력 풀 시스템을 국가적인 틀로 상시화 한다면 일자리 문제의 상당부분을 해결할 수 있는 고용창출을 불러올 것이라고 나는 확신한다. 또 역삼각형 구조의 상부를 점하는 수많은 은퇴자나 전문가들이 시장 포화상태인 치킨집을 차리는 것도 막고, 생산인구 2명이 노인 1명을 부양하는 고령화시대의 대안도 된다. 그뿐만이 아니라 이런 토털케어를 통해 강소기업들이 많이 나올 수 있는 기제도 된다.

정말로 누이 좋고 매부 좋고다. 은퇴자들은 그동안의 경험을 가지고 창업회사를 키워주고, 창업회사는 리스크 없는 사업을 펼치며 한국경제를 활성화시킬 것이다. 나는 이 정책은 정부가 꼭 채택해야 할 방안이라고 본다. 내가 국회에 들어가면 꼭 정책으로 발의해서 제도화시킬 것이다. 솔직히 우리나라 1년 예산이 380조인데 1%만 쓴다고 해도 3조다. 중소기업진흥책으로 1조만 써도 그 효과는 어마어마할 것이다.

그런데 정부가 자잘한 지원사업 흉내는 잘 낸다. 예를 들면 기업들을 지원해주겠다는 전문가 풀을 만들긴 하는데 기껏 해봐야 1년 예산이 1, 2억이다. 또 정부에서 사기 치는 일도 많다. 가끔 언론에 중소기업 지원해준다는 정책이 대대적으로 발표된다. 그런데 실제 알아보면 빛 좋은 개살구로 먹을 게 별로 없다. 현실성이 없는 정책이 태반이고 그러다 보니까 큰 건은 사기꾼들이 다 가로채 버린다.

그리고 꼭 정부가 바뀌면 한건 올리려고 거창한 정책을 발표한다. 결국 그 정부 임기 3분의 2정도 지나야 구체화되고, 스타트업이 관심을 갖고 달려들면 임기 끝나고, 다른 정권이 들어서며 백지화 되고, 또 다른 정책이 나온다. 이번에 박근혜 정권이 광역시도에 만드는 창조경제혁신센터도 별 실효성 없이 질질 끌다가 임기 끝나면 해체될 것은 명약관화하다.

창조경제라는 개념도 모호하지만, 창조경제혁신센터가 과연 스타트업에 도움이 되는지 다들 회의한다. 정권적 차원에서 추진하다보니 일부 기업들이 이미 결정된 투자계획을 창조경제혁신센터와 연결시켜 과대포장하거나 촉박한 개소 일정 때문에 지자체와 충분한 협의 없이 사업과 운영 방식을 결정해 분란이 일기도 했다. 언론을 보니 대기업 관계자가 "창조경제혁신센터용 예산은 어디까지나 목표치일 뿐 반드시 집행하는 것은 아니다"라며 "실적이 기대에 미치지 못했고 대내외적 경기상황도 좋지 않아 위기 상황인 만큼 창조경제혁신센터 지원 비용도 수정이 불가피한 상황"이라고 털어 놓고 있는데, 무슨 실효성이 있겠나. 심지어 새누리당의 이한구 의원조차 "창조경제혁신센터는 대기업 줄 세우기식 강제 할당, 홍보용 행사, 유효기한 2년의 정권 치적용이라는 비판이 봇물을 이루고 있다"고 꼬집고 있을 정도다. 정부가 이러면 안 된다. 이러면서 몇 만 개 일자리를 창출하겠다고 큰소리치니 참으로 황당한 일이다.

우리나라의 전체 산업구조를 보면 90% 내외가 중소기업이다. 따라서 고용도 중소기업들이 거의를 점한다. 우리나라 경제 환경에서 중소기업이 더 탄탄해져야 한다. 결국 고용도 여기에서 많이 해결해 줘야 한다. 중소기업이 제대로 된 케어를 받고, 대기업 못지않은 복지가 있으면 청년들이 굳이 대기업에 목맬 필요 없는 것이다. 지금은 가고 싶어도 환경부터 쾌적하지 않고 근무여건, 급여 등 모든 것들이 현저히 낮기 때문에 청년들이 중소기업을 회피하는 것은 당연하다.

　나는 저출산 고령화 사회의 고용 없는 성장, 저성장 시대에서 고용을 창출하는 현실적인 대안은 청년창업과 노년인재풀 시스템이라고 생각한다. 대기업들 아무리 쥐어짜봤자, 그들도 한 명이 할 일을 세 명 뽑지 않는다.

국가의 존재가치는 약자를 위한 것

　지금까지 한국에 있어서 창업은 개인의 역량으로 치부했는데, 사실 창업은 국가의 보호가 전제되어야 한다. 우리 사회·경제가 위기를 맞고 있는 것은 시장 실패에 의한 요인도 크다. 그것은 신자유주의로 작은 정부를 지향하면서 모든 의사결정권을 시장에 맡겨버렸기 때문이다. 시장을 움직이는 원리는 간단하다. 효율성과 자본이다. 이런 논리로 움직이다 보니 지금과 같은 상황을 맞았고 앞으로 이런 상황을 해결하지 못한다면 끔찍한 미래가 올 수밖에 없다.

　시장주의냐, 국가주의냐라는 이분법적인 질문을 한다면 나는 국가의 역할을 더 중시한다. 시장실패를 치유하는 입장에서도 중요하지만 기본적으로 국가가 하는 역할은 일종의 레귤레이션(규제)인데 이것이 꼭 나쁘다고 보지 않기 때문이다.

　신호등, 신호체계 같은 질서를 국가가 제대로 잡아주지 못하면 거리는 벤츠나 BMW같은 외제차가 활보하는 무법지대가 될 것이다. 이러면 소형차들은 중형차나 대형차에 들이받힐 것이 무서워 피해 다닐 수밖에 없다. 그런데 국가가 확실하게 차선도 만들어 주고 신호등도 제대로 작동시켜 주어 그 룰에 맞게끔 움직이도록 해준다면 대형차와 소형차가 공존하며 질서 있게 움직일 것이다. 즉 지금처럼 대기업이 동네 슈퍼마켓, 빵집까지 해먹는 그런 일은 없도록 국가가 만들어 줘야 한다는 것이다.

물론 그런 차원에서 대기업들이 국제경쟁력으로 국제시장에 진출해 세계적 기업들과 경쟁할 수 있게끔 국가가 지원해주는 것도 필요하다. 하지만 대기업들이 골목시장, 동네 빵집까지 들어오는 것은 확실히 막아줘야 한다. 그것이 상생경제이고, 공동선이고, 국가의 할 일이고, 정부의 존재 이유이다. 그런데 지금 거꾸로 되어 있다. 대기업들이 국제무대인 큰 시장으로 나가서 겨루기보다는 기껏 동네골목으로 쳐들어와 자영업자와 겨루려는 행태나 보이고 있고, 국가는 이것을 방치하고 있는 것이다.

개인도 마찬가지다. 어린아이가 처음 자전거를 배울 때 어른이 뒤에서 잡아준다. 마찬가지로 자영업자, 소상공인, 스타트업에게 국가가 그 역할을 해주어야 한다. 자전거와 차가 달리는 도로에서 결국 사고가 나면 자전거가 당하기 때문에 자전거가 안전하게 달릴 수 있는 금을 확실히 그어줘야 한다.

국가가 스타트업을 개인의 역량으로 돌리고 팔짱을 끼고 있으면 지금과 같은 무한경쟁체제 하에서는 극소수만 살아남을 뿐이다. 지금 상황이 그렇다. 가령 은퇴한 사람이 퇴직금을 전부 쏟아 부어 자영업을 시작하지만 대기업들이 큰 상점으로 승부를 걸어오면 배겨낼 재간이 없다. 우리가 OECD 10위권의 경제력을 가졌으면서도, 갈등지수가 높고 행복하지 않은 이유가 이런데 있다.

나는 국가가 중소기업에 적합한 업종을 확실히 구분해주는 것도 좋다고 생각한다. 앞으로 수많은 사람들이 은퇴하고 자영업이라는 시장으로 흘러들게 뻔한데, 국가는 하루 빨리 제도로서 그들을 보호해주어야 한다. 이런 것을 시급히 정치권이 머리를 맞대고 해결해야 하는데 계층대립, 이념문제로 환원되어 결국 힘 있는 자들의 논리로 흐르고 있다는 것은 개탄할 일이다.

또 하나, 국가는 우리 사회가 패자라고 해도 얼마든지 재기 할 수 있는 경기장이 되도록 해야 한다. 국가가 아무리 약자를 보호하는 장치를 만들어준다 해도 실패하는 사람은 나오기 마련이다. 우리나라는 패자부활전이 없다. 있는 돈 없는 돈 다 끌어다가 사업을 하지만, 성공할 확률은 열에 두세 개다. 자기가 가진 모는 것을 투자했다가 망했을 때, 우리나라에서는 폐인이 되기 십상이다.

선진국은 아이템만 가지고도 국가가 자금에서부터 행정적인 도움까지 지원해주는 제도가 성숙되어 있어 사업하기도 편하고, 설령 망한다고 해도 그리 큰 손실 없이 다시 재기할 수 있는 길이 있다. 실리콘밸리의 평균 창업횟수는 2.7회라고 한다. 7번째 창업을 하는 사람도 있다는데, 우리도 사업에 실패해도 재기를 보장하는 생태계를 만들어 주어야 한다.

그런 점에서 본다면 다른 한 축으로 승자 독식의 자본주의 경제와는 다른 대안경제로의 축도 중요하다. 그 구체적 방안으로 사회적기업, 마을기업, 협동조합도 있다. 이런 기업은 자본보다는 사람중심이라는 점에서 '다 함께 잘살자'는 목적의 공공선, 공동선을 이루는 따뜻한 경제다.

사람중심의 경제는 나 혼자 잘 먹고 잘 살자가 아니라 같이 노력을 해서 함께 결실을 이루는 공유정신이다. 이것은 지역단위의 공동체 정신을 바탕으로 생산과 소비를 나눔으로써 지역경제를 활성화시켜 공동선을 이루는 것이다.

사실 각 지방자치에서도 이 사회적 경제를 많이 하고 싶어 한다. 내가 경기도의회에 있을 때 사회적 경제의 전부 개정 조례안을 동료의원들과 함께 만들었는데 국가적인 큰 틀에서 사회적경제기본법이 법제화가 되지 않아서 각 지방자치 단체도 그에 따른 후속작업을 하지

▼ 새정치민주연합 안양시의원들과 함께 하고 있는 사회적경제 연구모임에서

못하고 있는 실정이다. 나는 이 정책이 20대 국회에서는 반드시 제1호 법안으로 마무리가 되어야 한다고 생각한다.

새정련에 참신한 세력의 태풍이 불기를

우리나라의 정치구조를 보면 다양한 출신들이 있지만 그 중에 운동권 출신들이 핵심을 이루고 있다. 지금은 '86'이라고 통칭하기도 하는데 80년대에 청년기를 보내고 30대에 정치에 입문한 세대를 일컫는다. 운동권에 있어서는 민주당이 새누리당을 압도하는데 7, 80년대 민주화 투쟁을 주도한 민주당의 역사성을 볼 때 이는 당연하다.

그런데 문제는 민주당이 아직도 거기에 머물러 시대의 변화에 따라가지 못하고 있는 것 아니냐는 비판에서 자유로울 수 없다는 것이다. 내가 70년대 생으로 80년대 마지막 학번인데, 민주당의 인적구성을 보면 사실상 운동권 이후 세대를 받아들이는데 실패했다고 본다. 나는 이것이 오늘날 민주당이 존폐의 위기랄 수 있는 국민지지를 잃는 핵심요인이라고 본다.

물론 민주당에 운동권 이후 세대가 없는 것은 아니다. 그러나 새누리당에 비해 얼마나 전문성을 갖춘 참신한 인물을 받아들였는지 성찰을 해야 한다. 새누리당은 보수적이기는 하지만 면면을 보면 나름대로 전문가, 엘리트들이 많다.

그러나 나는 민주당이 운동권 성향이 강하다는 비판에 동의하지는 않는다. 당내에 일부 그런 문화가 있지만 당 전체가 그렇게 경도되어 가는 것은 아니라고 보기 때문이다. 문제는 민주당에 시대를 이끌 새로운 세대가 분절되어 있다는 것이다. 그러다 보니 주류를 이루고 있는 운동권출신 자체를 가지고 선입견이 있는 것이다.

86세대가 이 나라의 민주화를 이끄는데 헌신하고 정치에 입문해서 상당부분 정당민주주의에 기여하는 등 변화를 견인하기도 했지만, 독자적인 정치를 하지 못했다. 기성 기득권에 빌붙어 자기 기득권을 유지하고, 이제는 기득권세력이 되었다.

86세대는 학생운동이라는 훈장으로 비교적 쉽게 국회의원 뱃지를 달았다. 학생 운동하다가 거의 직업정치인화 되었다는 것이다. 그래서 사회과학적 이론에는 굉장히 빠삭하고 이념논쟁에는 강하지만 실제 삶에 있어서 대한민국을 제대로 끌어갈 전문성을 갖추었는가에 대해서 국민들이 의문을 품는 것이다. 어쨌든 86세대가 잘못한 것은 시대의 변화를 읽지 못했고, 민주당이 역대 가장 무능하다는 평가를 받는 데는 이들의 책임이 상당하다고 본다.

박근혜 대통령과 새누리당이 교과서 국정화를 밀어붙이는 정국에서 새누리당에서 거의 유일하게 국정화를 반대하는 정두언 의원은 이런 말을 했다.

"우리나라는 지금 야당 때문에 망할 지경이다. 왜냐하면 야당이 저렇게 지지부진하니까 여당도 그렇게 긴장할 필요도 없어지고 정부도 마찬가지로 되는 거다."

민주당의 일원으로서 나는 근래 이보다 심한 모욕적인 말을 들어

본 적이 없다. 그러나 맞는 말이다. 박근혜 대통령의 독선은 야당으로서는 거의 농락당하는 수준이다. 왜 우리 민주당이 이렇게 되었는가? 60년 전통의 빛나는 역사를 가진 민주당이 지금 가장 허약한 상태가 되었는가? 물론 대표의 리더십 결여, 계파싸움 등 여러 요인이 있지만 당의 주축세력인 86세대가 국민들의 천덕꾸러기가 된 것이 민주당에 치명타가 되고 있는 것이다.

　새정치민주연합은 지금 존폐의 위기에 서있다. 근래 여론조사를 보면 새정치민주연합은 심지어 새누리당의 반 토막밖에 안 된다. 새누리당 지지도는 더는 잘 떨어지지 않는 강력한 지지선이 40%다. 반면 정부의 교과서 국정화에 대한 반대 여론이 들끓는 지금도 새정치민주연합의 지지도는 20%대다.

　국민들은 새정치민주연합을 유능한 당으로 보지 않는다. 그런데도

▲ 2013년 민주당 전당대회에서 최고위원에 출마한 신경민 후보와

무능한 약점을 뛰어넘으려는 의지가 보이지 않는다는 것이다. 불안한 일자리, 빈곤의 확산, 주거비 폭등에다 경기침체 장기화 조짐마저 뚜렷한 상황에서 야당의 정책 대안이 뭔지 아는 사람이 거의 없다. 정책을 내놔도 사람들의 가슴에 와 닿지 않는 공허한 말로 끝났기 때문일 것이다.

특히 새정치민주연합은 낡은 운동권문화에서 벗어나는 지혜로 이념논쟁의 함정에 빠지는 것을 경계해야 한다. 지금 거리에선 어버이연합 같은 아스팔트 우파들이 활개치고, 인터넷에선 일베가 목소리를 높인다. 가히 한국판 홍위병이다. 정부 여당은 그런 기세에 힘입어 노골적으로 '이념간, 세대간 전쟁'을 부추기며 정치도구로 활용하고 있다. 좌익 대 우익뿐 아니라 노인 대 청년, 정규직 '귀족 노동자' 대 비정규직…. 정부가 나서 우리 사회에 수많은 금을 긋고, 갈등을 조장하는 태도는 점점 더 노골적이다. 새정치민주연합은 이런 정부여당의 이념구도에 빠져 번번이 패배하는 모습을 보여 왔다.

물론 박근혜 정권의 반역사적 국정화 추진 같은 폭거에는 당의 명운을 걸고 싸워야 한다. 싸울 때는 제대로 싸우고, 타협할 때는 고도의 정치력을 발휘해서 소득을 얻어내는 정치를 해야 한다. 김대중 대통령이 총재를 할 때는 그런 정치를 하지 않았는가?

그러나 독재와 반독재, 민주와 반민주 시대와는 다르다. 그것을 새정치민주연합이 깨달아야 한다. 세월호도 마찬가지였고 국정교과서 문제도 마찬가지다. 옳고 그름의 문제가 아닌, 보수와 진보 대립으로 양분되어 버리고 만다. 그래서 이 틀을 바꾸는 것이 굉장히 중요한데 그 해결의 실마리는 결국 새정련이 쥐고 있다. 이제 새로운 시대를 맞아 합리적 전문가가 새정련을 끌고 가는 동력이 되어야 한다. 나는 인위적인 물갈이론에는 반대한다. 그러나 어느덧 50대가 되어버린 86세대 이후 새정련에 새로운 인물의 유입이 거의 이루어지지 못했다는 것은 지금 새정련이 존폐의 위기를 맞은 원인 아닌가?

사악한 박근혜 대통령의 위선정치 구조에서

지금 대한민국의 민주주의는 급속히 퇴행하고 있다. 불평등은 끔찍해지고, 경제는 고사해가고, 정부는 무능하며, 약자들끼리는 서로를 노인충, 맘충, 진지충, 일베충으로 증오하고 있다. 그뿐인가. 김낙년 동국대 교수의 연구 결과, 상위 10%가 우리나라 자산의 65%를 소유하고, 하위 50%는 1.7%만을 가졌을 뿐이다. 법인세 인하, 골목상권 장악, 비정규직 고용 등으로 재벌들에 이익이 집중된 결과, 2009~2013년 10대 재벌의 사내유보금은 234조원이나 늘었다.

나는 이런 박근혜 정권에 분노하지만, 또 이런 박근혜 정권을 전혀 견제하지 못하는 새정치민주연합에 더 분노한다. 야당의 무능이 정부여당의 독선을 전혀 견제하지 못하고 있기 때문이다.

가끔 새정치민주연합의 집회투쟁에 참가하면 실망을 금할 수 없다. 보여주기 식으로 사진 몇 방 찍고 금세 헤어진다. 국정화투쟁 때도 보면 앞에서 피켓 한 번 들고 워워, 하고 밥 먹으러 간다. 사정이 이러한데 어찌 새정련이 사악한 새누리당을 견제하고 국민의 지지를 받는 대중정당이 될 수 있겠는가.

정말 새정치민주연합이 고통 받는 국민과 같이 하고 있는가? 약자의 편, 정의의 편에 선다고 하지만, 그 진심은 어느 정도인가? 말만 민생, 민생 했지 정말 그들의 고통에 가슴으로부터 함께 눈물을 쏟아봤는가?

주위의 말을 들어보면 새정련의 활동 중 그나마 긍정적인 평가로 '을지로위원회'를 예로 많이 드는 것 같다. 을지로위원회는 억울한 일을 당하는 개인이나 단체를 도와주는데 상당히 성과도 내고 있다는 평가가 나온다. 물론 워낙 많은 건들이 들어와서 안 되는 일들이 더 많지만 나는 그 정신을 더욱 확대발전시켜 나간다면 말이 아닌 실질적으로 민생을 돌보는 당의 모습으로 국민 속에 뿌리내릴 수 있는 실마리가 될 것이라고 본다.

그래서 나는 궁극적으로 을지로위원회가 우리 당이 가야할 모델이라고 보고, 당의 자산을 지금보다 더 투여해서 조직과 인력을 확대해나가는 것도 좋다고 본다. 들리는 말로는 전국에서 쏟아지는 민원은 많고 일일이 다 대응하기에는 전문 인력이 부족하다는데, 그 정신과 진실성을 그대로 담아 발전시켜나간다면 다시 국민들의 마음을 붙잡을 수 있는 문이 열릴 거라고 본다. 누군가는 우리나라 역사학자 90%가 좌파라고 했지만, 우리나라 국민 90% 이상이 약자다. 이 대다수인 약자를 대변할 수 있는 게 우리 새정치민주연합이고, 우리는 이에 대해 막중한 책임감을 가져야 한다.

▲ 국정원 대선개입 의혹 규탄대회에서

　새누리당이야 말로만 민생을 부르짖지만, 우리라고 해서 그렇지 않다고 큰 소리 칠 입장이 아니다. 약자와 민생에 좀 더 포커싱을 해서 진정성을 보여주어야 한다. 만약 내가 국회에 들어가면 누구보다 앞장서고 내 모든 것을 투여해 국민 속에 뿌리 내릴 수 있는 약자의 삶에 발 벗고 나설 것이다. 무기력한 민주당의 문제는 을지로위원회에 답의 단초가 있다.

　그러나 그게 다는 아니다. 새정치민주연합 앞에는 사악한 위선과 싸워야 하는 복잡한 과제가 가로 놓여 있기 때문이다. 박근혜 대통령이 "진실한 사람" 운운하지만 기실 이것은 누구보다 자기에게 해야 할 말이다. 지금으로부터 10년 전 2005년 1월, 한나라당 대표였던 박 대통령은 신년 기자회견장에서 무어라 했던가.

　"역사에 관한 일은 국민과 역사학자의 몫이라고 생각합니다."

　"어떤 경우든지 역사에 관한 것은 정권이 재단하고, 해서는 안 된다고 생각합니다."

그러나 10년 뒤 대통령이 된 박근혜는 2015년 10월 27일 국회에서 이렇게 말한다.

"역사를 바로 잡는 것은 정쟁의 대상이 될 수 없고 되어서도 안 되는 것입니다."

"역사 교육을 정상화시키는 것은 당연한 과제이자 우리 세대의 사명입니다."

자기 잘못은 없고 항상 국회 탓, 국민 탓으로 돌리는 유체이탈화법을 한다고 해서 비아냥을 받거니와 박근혜 대통령의 가장 큰 문제는 자기 자신을 모른다는데 있다. 남에게 나쁜 사람이라고 하고 진실하라고 하지만 나는 박근혜 대통령만큼 진실하지 못한 사람은 보지 못했다.

진실을 구별하기 어려운 시대다. 사악한 권력을 이길 수 있는 슬기로운 싸움이 야당의 운명을 쥐고 있다.

끊임없는 탐구, 공부

대학 다닐 때 나는 행정학 공부에 재미를 그렇게 못 느꼈다.

2001년 스탠더드텔레콤 들어가 직접 자금 실무를 맡으며 기업의 적나라한 속성을 알게 되었다. 나는 그때 학교공부로 배울 수 없는 산 경제현장에 있다는 것도 절감했다.

중소기업진흥공단에 있을 때에는 돈만 지원해주니 기업이 어떻게 돌아가는지는 속속들이 모른다. 그런데 기업에 들어가 특히 자금파트에 있다 보니 회사가 움직이는 것이 훤히 다 보였다. 예컨대, 기획재정부가 돈줄을 쥐고 정부 부처를 컨트롤 하듯이 자금팀에 있다 보니 마케팅에서부터 R&D, 구매 등 모든 부서의 돌아가는 것이 다 보였다. 그러면서 고등학교 때 가졌던 원을 풀고 현장에 더해 학문적으로 경영실무를 제대로 한 번 배워보자는 생각이 들었고, 경영대학원을 가자는 결심을 하게 되었다.

고려대 대학원을 가고 싶었는데, 그때 회사가 안양에 있어서 거리가 너무 멀었다. 서울권에서 괜찮게 배울 대학원을 찾으니 한양대학교 MBA과정이 있었다. 나는 재무관리를 전공했다. 기업 파이낸싱, 아무래도 자금파트에 있다 보니 기업을 전반적으로 움직이는 윤활유 같은 역할을 하는 자금관리를 배우고 싶었던 것이다.

국제금융과 재무관리 파트가 따로 있었는데 내가 처음 국제금융학으로 들어가기는 했지만, 한 학기 다녀보니 국제적인 자금의 흐름, 외환 이런 것도 의미가 있지만 기업의 포커싱에 있어서는 미약하다는 생각이 들었다. 그래서 나는 2학기 때 재무관리학으로 전과를 했고, 그 과정을 통해 나는 실질적인 기업의 경영, 자금의 흐름에서부터 금융, 외환, 기업 파이낸싱 등 기업의 재무관리이론을 배울 수 있었다. 내가 과거 대학 다닐 때는 아무리 해도 성적이 나오지 않았는데, 경영대학원과정에서는 좋아하고, 실무경험이 있어서인지 '올A'로 졸업을 했다.

그 후 2004년 8월 나는 경영학석사를 취득했다. 그 과정에서는 A+

는 없고 A, B 이런 스코어가 나왔지만, 어쨌든 전 과목 A로 졸업을 했다. 대학원 공부는 기업에서 활용할 수 있었고, 매우 만족스러웠다. 나는 그 여세를 몰아 2008년 9월 고려대 정책대학원에 들어갔다. 그때 두 가지 생각을 했다.

2008년 6월 민주당에 입당한 후라 정계에 인맥이 거의 없던 나로서는 그런 점을 의식하며 학교를 선택하고 싶었다. 당시 연세대 행정대학원과 고려대 정책대학원이 정치계에 소문나 있는 학교들이었다. 두 학교가 워낙 쟁쟁하고 전통적 라이벌이어서 어디를 택할까 고민도 했지만 결국 나는 모교인 고려대학교를 택했다. 그때 박기춘 의원과 윤화섭 경기도 의원이 나보다 한 기수 위였다. 세부전공은 이제 좀 더 큰 틀에서 경제가 돌아가는 것을 보고자 경제정책학을 지원했다. 학부 때 행정학을, 한양대 대학원에서 경영학을 배웠으니 경제시스템을 전체적으로 조망해보고 싶었기 때문이었다.

2008년 9월에 들어가 2011년 2월에 졸업했는데 이 과정을 통해 경제학 석사학위를 받았다. 야간에 다니는 특수대학원이어서 대강 성적을 줄 거라고 생각하는 사람이 많은데 요새는 그렇지 않다. 공부도 굉장히 빡세게 시키고 시험도 엄격했는데 나는 딱 한 과목만 'A'를 받고 나머지는 다 'A+'로 졸업했다.

무엇보다 공부가 잘 되었다. 어느 정도 사회를 알고 접근을 하니 토대가 잡히고 내가 관심 있는 경제 분야를 하니 흥미가 있었다. 그때 내가 쓴 논문은 '사회적기업 활성화 전략'이었다.

2010년도 3월 나는 박사과정에 들어갔다. 모교에서, 내가 예전에 흥미를 느끼지 못하고 적응 못했던 과목들이 새삼스레 다르게 보였기 때문이었다. 행정학도 공부했고, 직장생활로 경영도 해봤고, 또 경제학공부도 했는데, 이것을 집대성할 수 있는 공부로 마무리를 하자는 생각이 든 것이다. 당시는 석사과정 중이었지만 논문만 쓰면 되는 마무리 단계였다.

그때 박사과정은 코스가 두 개였다. 같은 행정학 박사과정인데, 전공이 행정학과 정책학으로 나뉘어져 있었다. 나는 지금도 행정학 계열은 별로 흥미를 못 느낀다. 그런데 정책학 전공 수업 커리큘럼을 보니까 정말 재미있어 보였다. 말 그대로 세부적인 사회정책 분석부터 지방정치와 관련된 정책, 하다못해 환경 관련 정책도 있었고, 내가 정치를 하는데 도움이 될 공부라는 생각이 들었다. 분명히 내게 필요한 공부였다. 또 하나는 간판에 연연하지는 않지만 내가 공부하는 과정에서 따라온다면 박사학위도 욕심이 났다.

2009년 말에 응시를 해서 합격을 한 나는 2010년 3월 고려대학교 일반대학원 행정학 박사과정에 입학했다. 그런데 이때가 2010년 지방선거 직전으로 나는 주변의 출마권유를 받고 도의원 후보등록을 한 상태였다. 그러니 두 번인가 수업에 참석하고는 더 이상 학교에 가기가 힘들었다. 더욱이 석사 때처럼 집에 가서 한두 시간 공부해서 될 일이 아니었다. 교재 자체가 다 원서에다가 기본적으로 한 과목 수업에 최하 100페이지에서 200페이지를 읽고 가야지만 수업이 가능했다. 그것으로 매 수업마다 발표해야지, 토론해야지, 이건 도저히 불가능하다는 생각이 들었다. 교수님과의 관계도 있고, 학생 수도 몇

명 되지 않기 때문에 철저히 준비해가지 않으면 도저히 수업에 따라갈 수 없는 것이다.

그런 상태인데 출마를 했으니 그러다가 아무것도 안 되겠다 싶어 휴학을 했다. 그리고 선거운동에 매진했고 선거가 끝난 후 2학기 때 복학했다. 복학을 하고 보니 한 학기에 세 과목까지 들을 수가 있었다. 그러면 36학점을 따야 하기 때문에 2년 만에 코스를 마칠 수가 있는데, 의정활동을 하면서 너무 어려운 일이라 나는 두 과목만 들었다. 사실 두 과목만도 장난이 아니었다.

뒷구멍이 아닌 후배들과 똑같이 시험 봐서 내가 정말 가고 싶었던 모교의 행정학 박사과정을 들어갔건만 얼마나 힘든지, 폐일언하고 그만두고 싶었다. 도저히 할 수 없다는 생각이 들어 9월 한 달만 하고 휴학을 할 결심을 했다. 오죽했으면 휴학하고 아예 잠적을 해버려야겠다고 농담을 할 정도였다. 집에 오면 새벽 3시까지 초주검이 되어 사전 찾아가면서 과제물 쓰고 발제문 쓰는 삶은 삶이 아니었다. 영어도 감이 많이 떨어진데다, 잠도 제대로 못 자고 다음 날 의회 가서 의정활동이 제대로 될리 만무한 일이라 이러다간 죽도 밥도 안 된다는 생각이 들었던 것이다.

그렇게 꾸역꾸역 한 달이 지났다. 그런데 한 달만 다니고 휴학하는 게 자존심이 상해 중간고사까지는 보고 휴학을 해야겠다는 생각이 들었다. 머리가 트인 걸까? 중간고사가 지나니까 기왕 이렇게 온 거 한 학기만 다니고 쉬자는 생각이 들었고, 결국 한 학기까지 어렵게 마쳤다.

그런데 보통 한 학기 마칠 때 거의 매 과목들에서 마지막 기말레포트가 논문수준이었다. 매 수업도 따라가기 힘든데 학기말 끝날 때쯤 마지막에 주제를 잡아서 논문수준의 기말레포트를 써야 했다. 20페이지 이상 분량으로 거의 학술지에 기고하는 수준의 논문이었다. 욕심 있는 친구들은 기말레포트를 발전시켜서 학회지에 기고하고, 심사가 통과되면 학회지에 실리게 되는데, 나는 꿈도 꿀 수 없는 일이었다.

한 학기 끝나고 너무 힘들어 더 이상 박사과정을 못하겠다는 생각에 다음 학기 등록을 안 하려고 했는데, 막상 시간이 흐르고 학기가 다가오니 '그래도 이렇게 어렵게 들어왔는데 한 학기만 더 다녀볼까?'라는 생각이 들었다. 역설적이게도 이게 원동력이었다. 한 학기만 끝내겠다는 생각으로 한 학기 한 학기 최선을 다하다보니 어느새 끝이 보였던 것이다. 보통 4학기 만에 끝내지만 나는 5학기 만에 코스를 끝냈다.

매일 학교에 나오는 어린 친구들은 세 과목을 듣는데 나는 의정활동도 해야 하고, 그렇다고 대충 하는 것은 스스로 용납하지 못하는 성격이라 초인적인 삶을 살았다고 해도 과언이 아닐 것 같다. 또 각종 행사도 소홀히 할 수도 없고, 그러니 결국 가정에 소홀할 수밖에 없었다.

후학들과 지식을 공유하는 즐거움

어쨌든 4년여 동안 나는 의정활동과 공부에 용맹정진했고, 2013년 2월에 드디어 박사코스를 마쳤다. 엄청나게 혹독한 과정이었다. 처음에는 논문이 절대 엄두가 나지 않았다. 논문을 써볼까, 하다가 집어 넣고 꺼냈다가 다시 덮고, 하면서 2년을 보냈다. 그러다가 작년에 더 이상 도의원 출마를 않게 되면서 이제는 시간이 있겠다 싶어 '한 번 써볼까?'라고 생각하고 주제와 기초 데이터를 잡아 보았다. 그리고 올해 2월에 교수님들한테 논문 쓰겠다고 신청을 해서 프러포즈 심사받고 스타트를 했다.

실제 나는 작년 9월부터 자료 수집에 들어가 1년 이상 논문에 매진했다. 사람들 얘기로는 빠른 편이라고 하는데 1차 심사를 받았고, 그 결과에 따라 수정보완을 해서 11월 말에 2차 심사를 받았다.

내 논문의 가제목은 '중앙정부의 조세정책 변화가 지방재정에 미치는 영향'이다. 요지는 이렇다.

중앙정부에서 여러 가지 조세와 관련된 정책을 시행한다. 예컨대 2008년 이명박 정권이 대규모 감세정책으로 대기업들 세금 깎아줘서 경제를 성장시키고 일자리를 늘리겠다고 했지만 실제 그 낙수효과도 없었고 실패한 정책이다. 그런데 이런 중앙정부의 조세정책에 있어서 감세정책은 국세만 깎는 것으로 끝나는 것이 아니라 국세와 지방세가 연동되는 부분이 있다는 것이다. 따라서 국세가 줄면 지방세도 준다. 지방에서 지방세를 가지고 자치단체를 운영해야 하는데 결국 지방정부의 타격으로 이어진다는 것이다. 또 하나는 우리 지방소비세가 2010년에 도입됐는데, 이것은 광역자치단체에 지방소비세라는 하나의 새로운 과세를 신설해서 재원을 주는 것이다. 그러니 지방정부의 입장에서는 광역자치단체 재원이 좀 늘어난다. 그런데 당국은 거기까지밖에 생각을 못한다.

　내가 이 논문에서 말 하고자 하는 것은 감세정책과 지방소비세 정책을 통해 지방정부 재정에 변화를 불러오는데 영향이 각각 다르게 간다는 것이다. 감세정책을 통해서 지방정부에 피해가 가는데 오히려 잘 사는 시보다 못사는 군이 피해를 더 많이 본다는 것이다. 지방소비세도 마찬가지다. 도 단위는 재정이 불어나지만 이로 인해 거꾸로 피해를 보는 세원들이 있다는 것이다. 지방소비세가 늘어나면 교부세가 준다. 교부세로 먹고 사는 시·군이 많은데 결과적으로 잘 사는 시·군보다 못 사는 시·군이 더 피해를 보는 것이다.

　결국 요는 중앙정부의 조세정책이 지방재정에 영향을 주는데 잘 사는 지자체보다는 못 사는 지자체에 더 피해를 주는 구조로 돌아가고 있기 때문에 이에 대한 개선이 절실히 요청된다는 것이다.

　이런 공부 끝에 나는 후학과 함께 공부를 나눌 기회를 얻었다. 2014년과 2015년에 걸쳐 모교인 고려대학교로부터 가끔 요청을 받아 지방자치 및 지방재정의 현실에 대해서 특강을 하다가 2015년 올해부터 사이버 한국외국어대학과 국립 한밭대학교에서 겸임교수로 출강을 하고 있다. 남을 가르친다는 것은 신성한 일이자, 세상일에 이것처럼 보람 있는 일이 없을 터인데, 전위은 아니지만 소중한 일이다.

　사이버 한국 외국어대학은 1학기 때 강의했는데 지방의정 전공 중에 행정사무감사 실무를 가르쳤다. 한밭대학교에서는 전공필수인 정책학 개론을 가르치고 있다. 한밭대학교 강의는 3학점짜리라서 일주일에 3시간을 가르친다. 일주일에 3시간이면 꽤 많은 시간인데 보통

▲ 한밭대학교에서 강의를 하고 있다

하루에 몰아서 하고 있다. 3시간 강의하려면 준비가 하루 꼬박 걸린다. 박사논문 준비에 공공도시연구 활동에 항상 시간이 부족하다.

대개 일요일에 강의준비를 하는데, 오전에는 성당을 나간다. 원래 아버지, 어머니, 누나와 여동생도 다 가톨릭 신자인데 나만 어렸을 때 세례를 받지 못하고 와서 요즘 범계성당에서 교리공부를 시작했다. 오후에 집으로 돌아와 나는 밤늦게나 새벽까지 강의준비를 한다. 겸임이지만 강의뿐만 아니라 시험도 보고, 시험평가도 하고, 레포트 검토도 해줘야 해서 만만치 않다.

후학들과 지식을 공유하는 것은 참 즐겁다. 이것도 내가 이루고자 하는 공공선의 한 부분이라는 생각을 해본다.

신문기사 모음

공공도시연구소 박용진 대표의

도의원 시절부터 지금까지 인터뷰, 칼럼 등의 신문기사입니다.

[의정칼럼] **뽀로로의 인기비결**

2011년 3월 21일 / 경기신문

최근 뽀로로 캐릭터를 이용해 만든 '뽀롱뽀롱 뽀로로' 기념우표가 발매 9일 만에 전체 400만장의 80%인 320만장이 판매돼 화제다. 지난해 '피겨여왕' 김연아와 빙상영웅 10명의 모습을 담은 '2010 벤쿠버 동계올림픽 빙상 세계제패' 기념우표가 9일 동안 550만장의 35%인 192만장이 판매된 것에 비하면 엄청난 것이다.

요즘 아이들 사이에서는 뽀로로가 아이들의 대통령을 뜻하는 '뽀통령', 하느님을 뜻하는 '뽀느님'으로까지 불려지고 있다. 인기가 하늘을 찌르고 있다. '뽀롱뽀롱 뽀로로'는 귀여운 펭귄의 이미지를 살린 만화 캐릭터다. 만화영화는 사계절 내내 눈과 얼음으로 뒤덮인 한 숲 속 마을에 사는 뽀로로와 친구들이 겪는 좌충우돌 이야기를 다룬다. 뽀로로의 인기는 현재 우리나라를 넘어 전 세계 110여 개국에 수출되고 있으며 국내 작품으로는 처음으로 유럽 공중파 TV에 방영이 될 정도로 큰 인기를 끌고 있다. 그 인기 비결은 무엇일까? 귀엽고 친근한 이미지와 아이들의 눈높이에서 뽀로로가 겪는 좌충우돌 이야기가 웃음과 감동, 희망을 주는 메시지이기 때문이다.

우리의 정치를 보자. 국회로 상징되는 여의도 정치는 국민들에게 큰 불신과 혐오의 대상이 된 지 오래다. 초등학교에서 친구들하고 허구한 날 싸움을 일삼는 학생에게 선생님이 "장차 무엇이 되려고 매일같이 싸움질이냐"는 질문에 그 학생은 주저 없이 "국회의원이요"라고 답했다고 한다. 씁쓸하다. 지방정치의 현 주소는 어떠한가? 지방선거 때 후보자가 누군지도 모르고 투표장에 가야하는 유권자의 비애는 누구의 잘못인가? 자기 지역 시·도의원이 누구인지, 또 무엇을 하는 지도 모르는 주민이 대다수다. 그러면서도 지방자치가 실시되고 있는 제도적 현실을 감안했을 때 자치단체와 지방의회가 막연하게나마 지역을 위해 좋은 일을 해주겠지 하는 게 주민들의 실낱같은 희망일 수 있다.

최근 경기도의회가 추진하는 의원보좌관제에 대해 시민들의 평가가 엇갈린다. '하지말라'는 여론이 더 우세한 것 같다. 나도 이해관계자라 진위와 목적을 묻는 주민들에게 자세히 설명을 해보지만 주민들의 반응은 싸늘하다. 주민들은 거창한 구호보다 '귀엽고 친근한 뽀로로'처럼 주민들의 피부로 친숙하게 다가올 수 있는 정치를 바라고 있다. 물가 걱정 없이 장바구니를 두툼하게 해주고, 아파도 병원비 걱정 안하고 치료받을 수 있고, 대학을 졸업하면 마음에 드는 직장을 골라서 갈 수 있고, 보육비나 교육비 걱정 안하고 사랑스러운 아이들 마음껏 낳아 기를 수 있고, 나이 들어도 자식눈치 안보고 여유롭게 살 수 있는 세상을 우리 주민들은 바라고 있다.

정치는 국민에게 희망을 주어야 한다. 뽀로로가 아이들의 마음을 사로잡았듯이 희망과 감동을 주는 정치로 주민들의 사랑을 받는 지방자치를 꿈꿔 본다.

[의정칼럼] 감세와 낙수(落水) 효과

2011년 5월 16일 / 경기신문

최근 한나라당 신임 황우여 원내대표의 추가감세 철회 발표에 대해 논란이 뜨겁다. 4·27 재보선 패배 이후 민심의 무서움을 느낀 한나라당은 당내 비주류 출신을 원내대표로 선출하고, 신임 원내대표는 현 MB정부가 대표적인 정책으로 추진해온 감세정책에 선을 긋는 공약을 발표함으로써 세간의 주목을 받고 있다. 하지만 한나라당 주류층은 물론이고, 정부의 감세정책으로 인해 그동안 톡톡히 재미를 보았던 대기업을 비롯한 재계는 강하게 반발하고 있다.

대한상공회의소는 성명서를 통해 감세정책을 철회하는 것은 기업의 활력을 떨어뜨려 경영을 위축시키는 결과를 가져온다고 주장하고 있다. 한술 더 떠 서민생활 안정과 복지확대에 필요한 예산을 감세철회로 마련하는 것은 바람직하지 않다고 반박하고 있다. 적반하장도 유분수지, 대기업들이 그동안 중소기업과 서민의 희생을 담보로 입은 혜택을 얼마나 사회에 환원했는지, 스스로 반성하지 못하는 처사가 아닐 수 없다.

감세정책은 현 정부 들어 2008년 9월 '일자리 창출을 위한 경제 재도약 세제'라는 그럴듯한 이름으로 본격화되었다. 이에 따라 소득세와 법인세 등 각종 세금을 인하하고, 참여정부 때 야심차게 추진했던 종합부동산세도 무력화시켜버렸다. 국회예산처의 추계에 따르면 감세정책으로 인한 효과는 2012년까지 약 78조 원에 달하고, 특히 내국세를 재원으로 하여 교부세를 받는 지방자치단체는 감세로 인하여 내국세가 줄어들어 2008년부터 2012

년까지 약 30.2조 원의 지방재정이 감소할 것이라고 전망하고 있다. 이렇듯 재정이 열악해지는 가운데에서도 정부는 20조 원이 넘는 4대강 사업을 비롯하여 각종 토건사업에 막대한 예산을 투입하여 건설사들의 이익을 채워주고, 그 피해는 고스란히 서민복지 축소라는 결과로 되돌아오고 있다.

MB정부가 감세정책을 추진하면서 내세운 논리는 트리클다운 효과(Trickle-down Effect), 이른바 낙수(落水)효과이다. 부유층이나 대기업이 먼저 잘 되어야 빈곤층, 중소기업, 영세 자영업자에게도 혜택이 골고루 돌아간다는 논리이다. 그러나 지금의 현실은 어떠한가. 코스피가 2000선을 훌쩍 넘고 수출 대기업들은 이익을 주체하지 못할 정도로 황금시대를 구가하고 있는 반면, 중소기업은 대기업의 쥐어짜기에 힘겹게 생존하고 있고 영세 자영업자와 서민의 삶은 나아질 기미가 보이지 않는다. 또한 지난 3월 통계에 의하면, 일자리 창출이라는 말이 무색할 정도로 청년실업율은 9.5%로 13개월 만에 최고치를 기록하고 있다. 이미 감세정책은 미국이나 일본 등 선진국의 사례에서도 실패한 정책임이 통계적으로도 여실히 드러나고 있다. 이런 마당에 현 정부의 감세정책은 그야말로 중소기업과 서민은 안중에도 없고 대기업과 부유층의 배만 불리는 전형적인 부자정책이다.

차기 대권주자로 거론되는 여야 정치인들은 하나 같이 복지를 들고 나오고 있다. 분명 복지가 대세인 것만은 사실인 것 같다. 하지만 재정이 수반되지 않은 복지논쟁은 공허한 메아리에 불과하다. 제대로 된 복지국가를 실현하기 위해서 지금 필요한 것은 구체적인 재원확보 방안을 통한 정책의 마련이다. 이를 위해 향후 추가적인 감세철회 뿐만 아니라, 현재 거꾸로 돌아가고 있는 잘못된 감세정책도 반드시 제자리로 돌려놓아야 할 것이다.

[의정칼럼] 소는 누가 키우나

2011년 8월 24일 / 경기신문

　현재 모 방송국의 개그프로그램 중에 '두 분 토론'이라는 코너가 있다. '남자는 하늘이다'라는 남하당 대표와 '여자가 당당해야 나라가 산다'는 여당당 대표의 서로 물고 물리는 설전을 통해 이를 보는 시청자들로 하여금 각자의 주장에 대한 공감과 묘한 카타르시스를 느끼게 한다. 단순히 개그로만 볼 수도 있다. 그런데 개그 속에서 남하당 대표의 말 중에 유행어로까지 번진 대사 하나가 떠오른다. "그럼 소는 누가 키우나?"

　예로부터 농가에서 소는 참으로 귀한 존재였다. 밭을 갈거나 무거운 짐을 옮기는 등 사람이 하기 힘든 일을 소를 통해 노동력을 덜 수 있었다. 뿐만 아니다. 농가에서 소는 가장 가치 있는 재산의 하나로서 소를 팔아 마련한 돈으로 자녀들 학비나 생활비에도 매우 유용하게 사용됐다. 따라서 소는 농가에서 가족과도 같고 목돈 마련에다 재산 증식 수단으로 사용돼 단순히 가축 이상의 중요한 가치를 지니고 있다.

　최근 막장까지 간 서울시 무상급식에 대한 주민투표를 보면서 참으로 안타까운 마음을 금할 길이 없다. 사교육과 입시문제로 고통 받고 있는 어린 학생들을 위한 밥그릇이 아니라 어른들의 욕심을 채우기 위한 추악한 밥그릇 싸움은 아니었을까? 의무교육은 무상으로 한다고 헌법이 엄연히 규정하고 있는 국가의 의무이자 국민의 권리가 한낱 정치싸움에 휘말려 난도질 당하고 있는 현실에 마음이 무겁다.

대한민국 미래의 주역이자 희망인 학생들은 우리 사회가 소중히 지키고 길러야 할 바로 소와 같은 존재가 아닐까? 국가가 나서서 먼저 해주지는 못할망정, 재정력에 한계가 있는 지자체가 오롯이 떠맡아 정쟁을 벌일 때 과연 청와대와 국회는 무엇을 하고 있었나? 비겁하게 뒤로 물러나와 국민들을 이분법으로 양분해 싸움을 부추기며 갈등만 증폭시켰을 뿐, 정작 자신들과 국가의 책임을 이야기하는 사람이 없다. 정부와 정치인들은 더 이상 무상급식을 포퓰리즘이라 매도하지 마라. 당신들의 정치적 욕심으로 인해 아이들의 미래를 제물로 삼지도 마라. 그리고 더 나아가 국가가 할 일을 지자체에 떠밀지 마라. 국민의 기본적인 복지에 관한 사업마저 분권교부세라는 이름으로 지자체에 떠넘긴 후 갈수록 지자체의 재정 부담만 늘리는 바람에 해당 복지의 축소가 생기지 않을 수 없다. 더 이상 해당 지자체의 재정력에 따라 주민들이 마땅히 누려야 할 권리가 차별당하거나 침해돼서는 안될 것이다.

　이제는 전면에 나와서 당당히 요구할 때다. 국민의 기본적인 권리의 향유를 위해, 그리고 국가의 소중한 자산이자 미래의 주역인 아이들을 위한 일은 국가가 나서서 해결하라고.

　개그만도 못하는 현실에 남하당 대표는 이렇게 묻는다. 장차 대한민국을 이끌어갈 미래의 희망이자 주역인 어린 소는 누가 키워야 하냐고. 이제는 국가가 대답할 차례다.

[의정칼럼] 보이지 않는 고릴라
2012년 3월 20일 / 경기신문

재미있는 실험을 보여주는 비디오가 있다. 이 비디오는 한 무대 위에서 여러 명의 사람들이 두 개의 팀으로 나눠 각각 자기의 팀원에게 농구공을 어지럽게 주고받는 것을 찍은 것이다. 실험 감독관은 실험에 참가한 사람들에게 한 팀을 지목한 뒤, 과연 몇 번의 패스가 성공했는지를 맞춰보라고 문제를 낸다. 비디오가 상영되고 얼마가 지난 후 감독관은 비디오를 멈추고 실험 참가자들에게 질문을 한다. "화면에서 고릴라를 보셨습니까?" 참가자들은 대부분 어안이 벙벙해진다. "무슨 고릴라?"

감독관은 비디오를 처음부터 다시 같은 속도로 재생한다. 두 팀이 각각 서로의 팀원에게 농구공을 패스하는 사이, 검은 털옷으로 고릴라 복장을 한 사람이 무대 중앙으로 천천히 나타났고, 심지어는 자기를 봐달라는 듯이 손으로 가슴을 두드리는 동작까지 한 후 무대 한쪽으로 지나가는 모습이 분명히 찍혀 있었다. 미국의 유명한 인지심리학자인 크리스토퍼 차브리스의 이른바 '투명 고릴라' 실험에서 대부분의 실험 참가자들은 고릴라를 보지 못했다. 왜 그랬을까?

이 실험은 인간의 인지능력의 한계를 보여주는 실험이다. 사람들은 보이는 것을 다 볼 수 있다고 생각하지만, 어느 것에 집중하느냐에 따라 정작 중요한 것을 보지 못하고 지나치는 경우가 많다. 매일 일어나는 우리 주변의 여러 가지 사건들에 대해서도 사람들은 자기가 보고 싶은 것만 보고 그대로 느끼는 경우가 많다. 자신이 보고 경험한 것만이 유일한 진리라고 믿으면서 정작 중요한 핵심을 놓치고 만다.

최근 논란이 되고 있는 경기도의회와 경기도교육청 간의 자존심 싸움도 같은 맥락이 아닐까? 경기도의회 입장에서는 업무보고를 거부한 경기도교육청 모 간부의 행위는 1천 200만 경기도민을 대변하는 대의기구인 경기도의회를 경시한 사건으로 그대로 좌시할 수 없는 큰 사건이다. 따라서 이에 대한 최종 책임을 지니고 있는 경기도교육감으로부터 공식사과와 재발방지 약속을 요구하는 것은 당연할 수 있다. 하지만 경기도교육청 역시 경기도의회의 권위적인 사과요구는 교육자치를 훼손하는 의회의 폭거라고 강하게 반발하면서 한 치도 양보하지 않는다. 결국 갈등의 골은 점점 깊어지고 좀처럼 해결의 실마리가 보이지 않는다. 그러는 사이 3월 임시회에서 다룰 예정인 교육청 추경예산은 손 한 번 못 대보고 내년 경기도내 3곳의 고교평준화 시행에도 빨간불이 켜졌다.

경기도의회와 경기도교육청은 경기도의 교육행정을 도민의 입장에서 서로 견제하고 감시하며 효율적으로 이끌어가는 수레의 양쪽 바퀴와 같다. 두 바퀴가 서로 크기가 다르거나 어느 하나라도 펑크가 나면 결국 수레는 목적지를 이탈하고 다른 길로 가버린다. 현재 두 기관의 자존심 대결은 같은 팀원끼리 주고받는 농구공의 패스에만 주목하다가 정작 중요한 고릴라를 놓치는 꼴이 아닐까?

화면을 다시 천천히 틀어보자. 분명 고릴라는 자기를 봐달라고 애처로울 정도로 커다란 손짓을 하고 있다. 이래도 안 보이는가, 아니면 못 보는 척하는 것인가.

[의정칼럼] 전통시장 문제, 상생에 답이 있다

2012년 8월 8일 / 경기신문

연일 계속되는 폭염 속에 속이 새까맣게 타들어가는 사람들이 있다. 바로 전통시장의 상인들이다. 안 그래도 휴가철이라 손님이 뜸한데다 그나마 장을 보려는 사람들은 찜통 같은 전통시장 대신 냉방시설이 잘 갖추어진 대형마트와 백화점으로 몰린다.

설상가상으로 각 지자체의 대형마트 및 기업형 슈퍼마켓(SSM)의 영업제한 조례에 대한 소송에서 최근 법원들이 대형마트 측의 손을 들어줌에 따라 일요일 휴무에 들어갔던 대형마트들이 잇따라 정상영업을 재기하고 판촉활동에 열을 올리고 있다. 요즘 전통시장에 가보면 고객 숫자보다 파리 숫자가 많다는 말이 우스갯소리가 아니다.

현대 문명사회의 진화와 소비자 편익 추구로 인해 전통시장이 추락하는 것은 피할 수 없는 현실로 보인다. 하지만 전통시장의 붕괴에 대한 정부의 정책에는 문제가 없었을까? 지금까지의 전통시장 대책은 시장의 효율성을 강조하는 시장경제주의에 입각한 '경쟁'의 부추김이었다. 대형마트에 대한 적절한 규제나 조치도 없이 약자인 전통시장에게 시설현대화와 경영현대화 지원 등 약간의 영양제만 보충해주고 예전과 '같은 룰'을 통해 대형 유통공룡들과 경쟁을 계속하기를 권하였다. 하지만 전통시장이 필사의 노력을 하는 동안 강자인 대형마트는 거대한 자본력으로 마케팅을 혁신하고 인터넷, 통신, 방송매체를 이용하여 유통채널을 확장하고 대형 물류까지 손에 쥐고 있으니 아무리 전통시장이 경쟁한다 한들 답이 나오지 않는다. 결국 정부와 지자체가 계속해서 지원을 쏟아 부어도 전통시장의 붕괴는 좀처럼 막기 힘들어 보인다.

이제는 전통시장의 해법에 있어서 새로운 발상의 전환이 필요하다. 지금까지 '경쟁'을 전제로 추구한 정책들은 더 이상 해답이 아님이 명백해졌다. 이제는 '경쟁'이 아니라 '상생'이 정책의 새로운 키워드가 되어야 한다. 시장경제에 입각하여 경제적 효율성만을 추구하는 '경쟁'이 아니라, 남을 생각하고 함께 사는 공동체, 그리고 인간 본연의 따뜻한 도덕심에 기초한 '상생'의 가치가 정책형성의 중심에 서야 한다.

'상생'을 위한 정책으로 첫째, '대형마트·전통시장 상생기금'의 조성을 생각해 볼 수 있다. 전통시장의 붕괴는 대형마트의 도심입점과 상권장악으로 비롯된 외부효과로 볼 수 있기 때문에 전통시장의 시설현대화를 위해 필요한 예산을 지자체만 부담할 것이 아니라 대형마트가 함께 부담하는 것이 마땅할 것이다. 이를 위해 각 대형마트의 매출액에서 매년 일정한 비율을 출연하여 상생기금을 설치하고, 이 기금으로 전통시장의 시설 현대화사업 등에 융자하는 방식을 운용하면 지자체의 부담도 덜고 대형마트 입장에서도 상생에 동참할 기회를 주고, 전통시장도 출연이 아닌 융자로 사업을 진행함으로써 책임감을 가질 수 있을 것이다.

둘째, 공무원 및 공공기관 직원들의 복리향상을 위해 매년 부여되는 복지포인트에 대해 '상생'의 정신에 입각하여 일정부분을 전통시장 이용에 의무적으로 할당하고, 전통시장을 이용하는 공무원을 대상으로 모니터링 제도를 운용하는 것이다. 현재 우리나라 공무원 수를 약 1백만 명만 추산하더라도 연간 1조원의 복지포인트가 시중에서 사용되는데, 이 중에서 50%만 전통시장으로 풀려도 현재보다 전통시장은 더욱 활기를 띨 것이다. 또한 전통시장을 방문하여 구매를 하는 공무원들을 통해 전통시장의 개선방안 등에 대한 모니터링 제도를 함께 운용함으로써 지속적으로 전통시장의 문제점을 파악하고 개선해나갈 수 있는 장치로 활용할 수도 있어서 일석이조가 될 수 있다.

[의정칼럼] 욕심 많은 원숭이의 최후

2013년 5월 1일 / 경기신문

아프리카 원주민들이 원숭이를 잡는 방법이 있다. 바로 원숭이 손만 간신히 들어갈 정도의 입구가 좁은 항아리 속에 원숭이가 좋아하는 먹이를 넣어 놓고 기다리기만 하면 된다. 먹이의 냄새를 맡은 원숭이는 항아리 속으로 손을 집어넣고 있는 대로 먹이를 움켜쥔 뒤 손을 빼내려고 하지만, 먹이를 한껏 움켜쥔 터라 손은 항아리 입구를 빠져나오지 못한다. 결국 원주민이 다가와서 목덜미를 잡는 그 순간까지도 원숭이는 손을 빼지 못하고 쩔쩔 매다가 그대로 사로잡히고 만다. 바로 원숭이의 탐욕을 이용한 사냥법이다. 적당히 먹이를 쥐지 못하고 한꺼번에 많은 먹이를 빼내려다가 스스로 최후를 맞이한 것이다.

며칠 전 경제 5단체 부회장단이 긴급 회동을 통해 현 정부의 경제민주화 입법 움직임에 정면으로 반발하고 나섰다. 박근혜 대통령이 최근 경제위기를 이유로 경제민주화에 대해 한발 물러설 기미를 보이자 대대적인 반격에 나선 것이다. 이들 단체는 최근 논란이 된 대체휴일제 도입 및 정년 60세 연장 의무화뿐만 아니라, '최근 경제·노동 현안 관련 규제 입법 등에 대한 경제계 입장'이라는 성명서를 통해 20개에 달하는 규제 현안을 나열하고 모든 규제에 반대한다는 강경 입장을 발표하였다. 아울러 최근 사회에 확산되는 반기업 정서와 시장경제에 대한 신뢰를 약화시키는 이러한 규제입법은 기업의 투자심리를 위축시키고 우리 경제의 앞날을 어둡게 한다고 주장한다. 한술 더 떠 경제민주화 논의는 동반성장 자체를 어렵게 하고 사회 양극화를 심화시킬 것이라고 친절히 경고하고 있다.

벼룩도 낯짝이 있다는데 참으로 후안무치하다. 헌법 119조 2항은 '국가는 균형 있는 국가경제의 성장 및 안정과 적정한 소득분배를 유지하고, 시장의 지배와 경제력의 남용을 방지하며, 경제주체 간의 조화를 통한 경제의 민주화를 위하여 경제에 관한 규제와 조정을 할 수 있다'라고 명확히 규정하고 있다. 그런데 국민의 혈세로 IMF 위기에서 살아나고, 있지도 않은 낙수효과를 들먹이며 그 동안 온갖 감세혜택을 누려온 그들이 이제는 아예 헌법이 규정하고 있는 경제민주화 조항마저도 부정하려는 행태는 그야말로 탐욕의 극치를 보여주는 것이 아니고 무엇인가.

과거에도 대기업의 이익을 대변하는 전경련은, 시장에 대한 규제는 국가경쟁력을 해치고 시장자본주의 및 자유민주주의의 근간인 헌법의 기본정신을 훼손하므로 헌법 제119조 2항을 삭제해야 한다고 주장해왔다. 시장권력이 국가권력을 압도하는 지금, 경제민주화 조항이 눈엣가시이자 마지막 걸림돌이라 여긴 모양이다.

그러나 이는 대단히 잘못된 상황판단이다. 우리는 과거 국민들에게 돌아가야 할 정치권력을 일부 독재자가 독점하려다가 국민들로부터 거센 저항을 받고 정권이 무너지는 것을 똑똑히 목도했다. 경제민주화 역시 경제주체 간의 균형 잡힌 성장을 방해하고 경제력의 독점을 꾀하려는 일부 탐욕스러운 재벌들에 대해 국민이 들고 일어나 심판하는 사태가 발생하지 않도록 미리 정부가 나서서 규제와 조정을 하라는 것이다. 따라서 경제민주화 조항은 기업을 옥죄는 불필요한 규제가 아니라, 각 경제주체 간에 서로 상생하면서 효율적인 동반성장을 하는데 반드시 필요한 요건이다.

대기업은 협력업체인 중소기업과 불공정한 거래를 하지 말라. 또한 골목상권이나 중소영세업체의 사업 분야에 뛰어들어 어려운 사람들이 피눈물 흘리게 하지 말라. 힘없는 사람은 아랑곳없이 자신들의 배만 불리려고 하다가는 결국은 거센 국민적 저항에 직면할 것이다. 그때는 이미 돌이킬 수 없는 욕심 많은 원숭이의 최후를 맞이하게 될 것이다.

[의정칼럼] NLL과 후천성 난독증

2013년 7월 2일 / 경기신문

"저는 이번에 대통령으로서 이 금단의 선을 넘어갑니다. 제가 다녀오면 또 더 많은 사람들이 다녀오게 될 것입니다. 그러면 마침내 이 금단의 선도 점차 지워질 것입니다. 장벽은 무너질 것입니다. 저의 이번 걸음이 금단의 벽을 허물고 민족의 고통을 해소하고, 고통을 넘어서서 평화와 번영의 길로 가는 그런 계기가 되도록 노력하겠습니다. 국민 여러분 성공적으로 일을 마치고 돌아올 수 있도록 함께 기도해 주십시오. 잘 다녀오겠습니다."

2007년 10월 2일, 노무현 대통령이 남북정상회담을 앞두고 '군사분계선'을 넘어가면서 한 말이다. 만약 이 발언이 그 당시 TV로 생중계 되지 않고 노무현 전 대통령의 비공개 비망록 등에 기록되었다가, 현재 북방한계선(NLL) 관련 남북정상회담 회의록 공개로 물의를 일으킨 집권 여당의 모 인사에 의해 발견되었다면 세상에 어떻게 알려질까.

어렵지 않게 추측해 볼 수 있다. 분명 그는 전체 문장을 공개하지 않고 첫 번째 문장인 "저는 이번에 대통령으로서 이 금단의 선을 넘어갑니다. 제가 다녀오면 또 더 많은 사람들이 다녀오게 될 것입니다"를 문제 삼고, 대통령이 스스로 월북의 선도에 서서 국민들로 하여금 월북에 동참하라고 주장했다고 언론을 통해 호도할 것이다. 그리고 다음날 보수언론에는 1면에 대문짝만한 헤드라인이 이렇게 등장할 것이다. "노무현 전 대통령, 월북주장 파문"

참으로 씁쓸하다. 한 나라의 국회의원이, 그것도 남들보다 좋은 학교 나오고 외국물 먹고 훨씬 더 많이 배웠다는 사람이 초등학교 수준의 국어문장 해석도 못하는 상황이 실제로 벌어지고 있으니 참으로 안타깝기 그지없다. NLL을 포기했다는 주장을 확인하기 위해 공개된 회의록을 눈을 씻고 찾아봐도 근거가 될 만한 문장은 보이지 않는다. 심지어 누가 누구에게 '보고' 하는지 문맥상 확인도 안 하고, '보고'라는 표현을 썼다며 일방적으로 굴욕적인 언사라고 주장하는 행태는 참으로 낯부끄럽기 짝이 없다. 이쯤 되면 국회의원 선거에 출마하는 후보에게 난독증이 있는지 여부를 가리기 위해 의무적으로 국어 독해평가를 시험 치르게 하는 것을 고민해봐야 되지 않을까.

원래 난독증이란 주로 아동기에 나타나는 것으로, 선천적으로 연령이나 지능, 교육수준에 비해서 기대되는 정도보다 현저하게 읽기능력이 부진하여 학업이나 일상생활에 장애가 되는 것을 말한다. 그렇다면 다 자란 성인, 그것도 엘리트라 불리는 사람들의 난독증은 왜 생기는 것일까. 이는 소위 목적을 위해서라면 수단과 방법을 가리지 않고 진실을 외면하고, 스스로가 의도적으로 편향된 사고를 주입하여 인지기능이 제대로 작동 못하는 고약한 병리현상이다. 이른바 '후천성 난독증'이라 부를만하다.

하지만 참으로 다행인 소식이 있다. 유시민 전 보건복지부 장관이 오는 7월 4일 '2007년 남북정상회담 대화록'을 이해하지 못하는 사람들을 위해 긴급 국어특강을 열기로 했단다. 전문을 보면 진위를 금방 알 수 있음에도 불구하고 왜곡과 오독을 연발하는 가엾은 난독증 환자를 위한 힐링캠프가 될 것으로 기대한다. 바라건대 이번에 NLL발언에 대해 아직도 이해를 못하는 난독증이 심한 중증환자들은 꼭 이 강의를 들었으면 좋겠다.

[의정칼럼] 정당공천제와 수요자 정치

2013년 8월 5일 / 경기신문

행정학에서 '티부의 가설(Tiebout hypothesis, 1956)'이라는 게 있다. 일명 '발에 의한 투표(voting with the feet)'로 설명되는 이 가설은, 주민들이 각각의 선호에 따라 지역 간에 자유로운 이동을 통해 스스로 지방정부를 선택할 수 있다는 것이다. 다시 말해 주민들이 내는 세금과 그들이 제공받는 공공서비스의 비교 평가를 통해 결과적으로는 지방정부의 공공재 공급의 적정규모가 결정된다는 것이다. 물론 티부의 가설이 외부효과를 배제하고 주민들의 완전한 정보소유와 완전한 이동성 등의 전제조건들이 비현실적이라는 비판이 제기되기도 하지만, 지방자치시대에 지방선거를 통해 지방단체장과 지방의원을 선출하는 오늘날의 현실에서 다시 한 번 곰곰이 생각해봄직 하다. 앞으로 지방정치가 가야 할 방향을 가늠해볼 수 있기 때문이다.

얼마 전 민주당 지도부에서 지방의 기초단체장과 기초의원의 정당공천제 폐지와 관련하여 전 당원 투표를 진행하였다. 그 동안 많은 국민들의 정치개혁에 대한 열망의 하나로서 여야 유력 대선후보가 지난 대선 때 공약으로 내세운 사항이기도 하였다. 투표 결과, 투표에 참여한 민주당 당원의 67.7%가 정당공천제 폐지에 찬성을 하였고 민주당 지도부는 이를 당론으로 정했다. 하지만 아직까지 정당공천제의 폐지를 두고 많은 정치인들과 전문가들 사이에서는 여전히 의견이 엇갈리고 있다.

정당공천제 폐지를 주장하는 쪽은 그 동안 중앙정치와 지역의 국회의원과 지역(당협)위원장에게 줄서기를 통한 밀실공천 등으로 인해 지역의 역량 있는 일꾼들이 정치에 진출할 기회를 박탈하고, 아울러 선출된 지역정치인들도 중앙정치의 하수인으로 전락할 우려가 크다는 점을 주장한다. 반면 정당공천제 폐지를 반대하는 쪽은, 정당공천제가 폐지되면 지역의 토호세력들이 지방의회를 장악하여 지역주의가 더 심화되며, 여성이나 청년, 사회적 약자를 대변할 세력이 정치에 진입하기가 어려워 정치적 다원화를 이룰 수 없다고 주장한다. 또한 기득권을 가진 현직 단체장이나 의원들의 권력만 비대하게 만들어 새로운 신인의 등장을 어렵게 하므로 정당공천제 폐지보다는 정당정치 및 공천과정의 개혁을 통해 문제를 해결해야 한다고 주장한다.

그런데 이러한 논쟁에서 우리가 하나 놓치는 것이 있다. 바로 정당공천제 폐지냐 유지냐의 논쟁에 있어 여전히 기존 정치인이나 전문가들조차 '공급자 중심의 정치'만을 이야기하고 있다는 것이다. 정당공천제의 유무에 따라 유불리를 따지는 사람들은 사실 지방정치의 '수요자'라고 할 수 있는 주민의 입장이 아니라 바로 지방정치의 '공급자' 입장에 서있다는 것이다.

진정한 '수요자'인 주민의 눈으로 보았을 때 정당공천제 폐지 찬성은, 지역정치인들이 중앙정치의 의제에 끌려 다니면서 정쟁을 일삼지 말고 지역 민생에만 전념하려면 현행 정당공천제가 없어져야 한다는 것이다. 반면 정당공천제 폐지 반대는, 민의를 대표하는 지역정치인들이 책임정치를 통해 풀뿌리 민주주의를 실현하려면 정당공천제 폐지보다는 제대로 된 공천개혁이 우선되어야 한다는 것이다.

진정 수요자가 원하는 것은 정당공천이라는 선출제도보다는 주민의 뜻에
부합하는 지역정치가 아닐까. 지역주민의 선호를 강조하는 티부의 가설처럼,
정당공천제도도 '공급자 정치'가 아닌 '수요자 정치'로의 인식전환이 시급한
이유다.

[의정칼럼] 공공기관부터 '갑을'관계 개선하자
2013년 10월 8일 / 경기신문

"갑은 을에게 휴일근무 등 초과근무를 요구할 수 있으며, 을은 특별한 사유가 없는 한 이에 따라야 한다."

"계약의 협약에 관하여 이견이 있을 때는 상호 협의하되, 협의가 이루어지지 않으면 갑의 해석에 따른다."

"을은 갑이 위탁한 사무의 수행과정에서 발생하는 모든 사고에 대하여 민·형사상 책임을 진다."

이상과 같이 일방적으로 을에게 의무와 책임을 부과하고, 갑에게는 유리한 해석을 허용하는 이러한 편파적인 내용은 대기업과 하청업체 간, 유통업체와 대리점 간의 계약서 등에서 쓰이는 문구 정도로 생각할 수 있다. 하지만 상기 문구는 현재 경기도 내 각 부서에서 외부 개인이나 업체와 계약 또는 협약 등을 맺으면서 경기도를 스스로 갑이라 칭하고 상대방을 을로 칭하면서 체결하는 문구 가운데서 일부 발췌한 것이다.

올해 상반기 남양유업 사태를 통해 갑·을 문제가 사회적 파장을 일으켜 세간의 이목을 집중시킨 이후 민간 부문에서도 갑·을 표현을 없애는 등 스스로 자정노력을 하고 있고 국회 차원에서도 불공정 거래관행을 근절시키기 위해 입법노력을 하고 있지만, 정작 경기도를 포함한 공공기관은 이러한 관행을 고칠 생각을 하지 않고 있다는 것은 참으로 문제가 있다.

이러한 문제의식에 따라 필자는 공공기관부터 갑과 을이라는 표현을 삼가고 실질적인 대등한 관계개선을 위한 첫 걸음으로 이번에 '경기도 계약서 등 갑·을 명칭 지양 및 삭제 권고 조례안'을 발의하였다. 조례명에서 보듯이, 앞으로 경기도 내 도청 및 도의회를 비롯하여 각종 산하기관 등에서 생산하는 모든 계약서나 협약서, 양해 각서 등 계약관련 서류에 갑과 을이라는 표현을 쓰지 말고, 대신 계약 당사자의 지위나 상호, 성명 등을 그대로 사용하자는 내용이다. 이를 통해 갑과 을이라는 명칭이 주는 부정적이고 상하, 수직적인 관계를 개선하고, 계약 당사자가 상호 대등한 위치에서 서로의 권리와 의무를 보장하고자 하는 것이 조례안의 주요 취지이다.

물론 갑·을 이라는 명칭만 없앤다고 저절로 불공정한 관계가 개선되고 경제민주화가 실현되는 것은 아니다. 하지만 갑과 을이라는 표현을 없앰으로써 일방의 우월적 지위에 대한 인식을 없애고 상호 대등한 위치라는 것을 다시 한 번 상기시키고, 나아가 사회적 약자들이 경제적 강자와 비교해서 동등한 위치에서 자신들의 권리를 행사할 수 있는 실질적인 관계개선을 위해 함께 노력해야 할 것이다.

지난해 대선 이후 한동안 경제민주화가 주목받더니만, 어느 순간부터 정부와 여당은 경제민주화 이야기는 쏙 집어넣고 다시 경제활성화 이야기로 화제를 돌리고 있다. 경제민주화는 경제적 권력이 소수 일방에 집중되면서 그 폐해로 다수의 경제적 약자들이 고통 받는 사회를 개선시키고자 하는 일련의 요구들이다. 과거 정치권력이 소수에 집중되면서 다수의 국민이 자유와 권리를 억압받던 것이 정치민주화로 폭발했던 것을 기억한다면, 지금 경제민주화를 서둘러 접어서는 안 될 것이다.

[의정칼럼] 누구를 위한, 무엇을 위한 정부인가

2013년 11월 12일 / 경기신문

지금부터 정확히 20년 전인 1993년 11월 12일, 국내 최초의 대형마트인 이마트 창동점이 개장하였다. 이후 1996년 유통시장 전면개방, 1997년 대규모 점포의 허가제에서 등록제로의 전환 이후, 1998년 롯데마트, 1999년에는 홈플러스까지 가세하면서 2013년 10월 현재 대형 3사의 매장 수만 전국적으로 390개로 크게 늘었다. 한국체인스토어협회에 따르면 지난 2001년 201개였던 대형마트의 국내 점포는 올해 초 470개까지 늘어나면서 불과 10년 사이에 2배 이상 증가하였다. 매장 수뿐만이 아니다. 대형마트 탄생 10년 만인 2003년에 이미 백화점 매출을 앞질렀고, 지난해 말 기준으로 백화점 업계 전체 매출인 28조원 규모에 비해 국내 대형마트 3사의 매출액만 37조원을 넘어선 것으로 추산되고 있다. 가히 폭발적인 성장세다.

하지만 대형마트의 고속성장의 이면에는 어두운 그림자가 있다. 바로 전통시장의 붕괴다. 시장경영진흥원에 따르면 2004년 1702개였던 전국의 전통시장은 지난해 1347개로 대폭 감소하였다. 어디 이뿐이랴. 대형 유통업체는 대형마트 시장이 포화상태에 이르고 부지확보에 어려움을 겪자 2007년을 전후해 기업형 슈퍼마켓(SSM) 사업에 집중하여 현재 전국적으로 1000여개에 달하는 SSM이 골목상권을 점령 중이다. 한편, 올해 초 대·중소유통업의 상생을 위하여 대형마트의 영업시간 등을 제한하는 등의 규제를 하자 이번에는 변종 SSM으로 다시 판로를 확대한다. 이렇듯 닥치는 대로 폭식을 하는 대형 유통공룡들의 현란한 전술 앞에 전통시장 뿐만 아니라 힘없는 골목상권, 영세 자영업자, 소상공인 등은 우르르 몰락의 길을 걷고 있다.

대형 유통업체의 이익을 대변하는 단체나 언론들은 대형마트가 우리나라 유통산업에 대대적인 혁명을 가져왔을 뿐만 아니라 소비자의 편익을 향상시키는 데 크게 일조하고 있다는 점을 들면서 정부의 어떠한 형태의 규제에도 반대의 목소리를 키우고 있다. 그들에게는 전통시장이나 골목상권의 몰락은 안중에도 없어 보인다.

필자는 지난달 경기도의회에 '경기도 상권영향평가위원회 구성 및 운영에 관한 조례안'을 입법예고 한바 있다. 경기도 내 특정 지역의 대규모점포 설치 및 운영이 경기도 내 지역 상권에 미치는 영향을 평가하고 그 피해를 방지하여 대·중소유통업의 상생발전 및 지역상권의 활성화를 위한 것이 주 내용이다. 그러나 벌써부터 대형마트의 이익을 대변하는 한국체인스토어협회는 대형 로펌의 자문까지 첨부하여 조례의 심의에 대해 암묵적인 압박을 가하고 있고, 경기도의 집행부 역시 조례의 시행에 대해 부정적인 견해를 전해오고 있다.

정부는 WTO 회원국으로서 서비스무역에 관한 일반협정(GATS)까지 들어가면서 우리나라가 대형마트의 규제를 하면 안 된다고 주장하지만, 이미 같은 회원국인 미국이나 영국, 프랑스, 독일 등 주요 선진국들이 등록제가 아닌 허가제, 기존 상권의 피해에 따른 출점제한, 영업시간 및 품목규제를 통해 자국의 중소유통업체를 보호하고 있다. 과연 누구를 위한, 그리고 무엇을 위한 정부인가.

[의정칼럼] 통 큰 치킨, 누구를 위한 것인가
2014년 2월 11일 / 경기신문

몇 년 전, 국내 한 대형마트가 5천원이라는 파격적인 가격으로 일명 '통 큰 치킨'을 판매하여 화제가 된 적이 있었다. 집근처 치킨 집에서는 상상도 못하는 가격으로 품질 좋은 치킨을 구매할 수 있다는 소비자들의 만족감에 연일 마트는 인산인해를 이루었다. 하지만 '통 큰 치킨'이 날개 돋친 듯 팔리는 사이, 마트 인근에 있는 이른바 동네 치킨집은 그야말로 된서리를 맞았다. 하루 매출이 평소의 절반 이하로 뚝 떨어진 것이다. 결국 인근 상인들의 거센 반발과 국민여론을 의식한 정부가 개입하고 나서야 '통 큰 치킨'은 1주일 만에 막을 내릴 수밖에 없었다.

혹자는 정부의 개입이 좋은 물건을 싼 값에 살 수 있는 소비자의 편익을 강제적으로 강탈한 것이라고 주장하며 소비자가 피해를 보아서는 안 된다고 주장한다. 또는 기존 상인의 기득권을 대변하기 보다는 대다수 소비자의 편익과 행복을 추구하는 것이 올바른 정책이라고 항변한다. 하지만 소비자 편익이라는 가치를 위해서라면 무조건 서로 경쟁시키는 것이 최선일까.

전통시장이 몰락하고 있다는 것은 어제 오늘의 이야기가 아니다. 유통시장을 개방한 후 해외자본이 들어오고, 거대한 자본과 마케팅 전략으로 중무장한 국내 대기업마저 국내시장으로 눈독을 들이기 시작하면서 이미 그 폐해는 예견되어 있었다. 해외자본과 국내 대규모 자본은 저렴한 가격과 편리한 서비스로 단숨에 고객의 마음을 사로잡았고, 그러는 사이 전통시장은 이렇다 할 몸부림 한 번 쳐보지 못하고 한 순간에 고객을 빼앗기고 삶의 터전을 잃어가고 있다.

소비자의 입장에서는 대형마트가 선사해주는 편익이 결코 싫을 리가 없다. 오히려 합리적인 소비자라면 당연히 전통시장보다 대형마트를 이용하는 것이 백번 옳은 일일 것이다. 하지만 편익이라는 달콤함의 이면에 사회·경제적인 양극화는 더욱 심화되고, 더불어 사는 사회공동체도 시장경제라는 논리 속에 서서히 붕괴되고 있다.

지난해 세계적인 가구유통기업인 '이케아'가 광명시에 건축허가를 받고 올해 안에 사업을 개시할 예정이다. 엄청난 가격 경쟁력을 가진 '이케아'는 가구 외에도 일반 생활용품도 취급하고 있어, '이케아'가 입점할 경우 광명시의 상권뿐만 아니라 인접 시·군의 영세한 동종 사업자들에게 미칠 피해는 가히 상상을 불허한다. 점입가경으로 '이케아'는 지난해 말 고양시에 추가로 신규 입점을 위해 LH로부터 부지를 매입한 사실이 밝혀졌다. 경기도가 야심차게 추진해온 국내 가구산업 활성화 정책은 이제 그 꿈을 접어야 할 처지에 놓이게 되었다.

많은 소비자들이 '이케아'의 입점을 손꼽아 기다리고 있을지 모른다. 질좋은 상품을 저렴하고 편리하게 구입할 수 있는 소비자의 입장에서는 당연한 기대일 수 있다. 하지만 '통 큰 치킨'과 같이 '이케아'가 지역의 상권을 장악하는 사이 우리네 소중한 이웃의 생계는 위협받고 관련 국내 산업의 붕괴는 시간문제일 따름이다.

과연 '통 큰 치킨'은 누구를 위한 것인가.

공공도시연구소, 생활·지역정치 실천
전통시장 마을박물관 프로젝트로 성공사례를

2014년 11월 03일 / 안양시민신문

8대 경기도의회 의원으로 6·4 지방선거에서 불출마하고 대신 공공도시를 제안, 확산시키려했던 박용진 전 도의원이 호계4거리 인근에 공공도시연구소를 설립, 10월22일 개소식과 함께 본격적인 활동에 들어갔다.

이제 의원이 아닌 연구소 대표라는 직함으로 불리는 박 전 의원은 지방선거 당시 불출마선언 후에도 공공도시 의제 확산과 실현을 위해 내일 같이 선거운동에 임했었다. 야당의 선거패배로 빛이 바랬지만 당시 참신한 제안이었다는 평가를 받았다. 선거 후에도 공공도시란 의제가 흐려지지 않도록 지속적으로 활동, 결국 공공도시연구소 설립을 이루어 냈다.

현역으로 일하든 아니든 박 대표에게는 여전히 정치는 과제인 셈이다. 새정치민주연합 동안을 지역위원장 공모에 참가한 것도 이런 상황과 무관치 않다.

공공도시란 야당인 새정치민주연합이 지향하는 가치이고 실천으로 보여줘야 하는 것으로, 박 대표는 이를 실현할 정치적 기반을 위한 도전은 지속할 것이란 뜻을 분명히 했다. 그런 노력이야 말로 바로 생활정치, 지역정치의 실천이며 올바른 정치의 방향이라고 인식하는 듯 했다.

그는 연구소가 우선 추진해야할 연구과제로 시민들의 참여와 소통을 위한 거버넌스, 공유와 지역순환을 위한 사회적 경제, 보편적 복지, 마을 만들기 4개를 꼽고 있다. 도시의 지속 가능성, 공동체성 회복이 공공복리를 추구하는 협력적 지역공동체의 실현이라는 점에서 이만한 의제가 없기 때문이란 의견이다.

박 대표는 연구소의 연구기능이나 활동을 위해 시민사회나 전문가 인력풀을 구성하는데 우선적으로 힘을 쏟고 있다. 인근 대학의 교수들과 지방자치연구원들의 전문가들 시민사회와 적극적으로 네트워크를 형성하는데 주력하고 있다. 가치와 지향을 같이하는 회원들을 모집하고 의견을 듣는 일도 중요한 과제다.

연구소가 지향하는 가치를 여러 활동 속에 녹여내 지역에서 의미 있는 실천 활동도 만들어 내야한다. 그래서 우선적으로 제안한 것이 가칭 '전통시장 마을 박물관 프로젝트'사업이다. 인근의 특정한 전통시장을 지역 고유의 문화와 생활방식, 건축 유산으로 설정해 주민들과 상인들이 직접 운영하며 전시회, 다양한 시장 체험 활동 등의 프로그램으로 시장과 마을이 함께 어우러지는 상생의 활력을 불어넣겠다는 의도다. 이를 위해 박 대표는 주민들, 시장상인들과 적극적으로 만나 제안하고 협의하고 있다. 연구소가 지역에 필요한 일, 같이 할 수 있는 일을 찾아내겠다는 의지의 표현이다. 또 성공사례를 만들어 보다 넓게 적용할 수 있는 방안을 마련할 계획이다. 연구소는 이런 면에서 공공도시의 구체적인 실천과제를 확산시키려는 진지가 되는 셈이다.

공공도시란 의제가 안양뿐 아니라 경기도를 넘어 전국으로 확산시켜 나갈 과제라는 점에서 연구소가 여타 정치를 위한 단순한 거점이 아니라 실천적이고 구체적인 지역정치의 근거지로 만들겠다는 의도다.

신경 써야 할 부분도 많다. 회원 확충뿐 아니라 참여하는 전문가들의 재능기

부를 통해 연구소 운영에 안정을 기하고 인근도시와 기초·광역 의회의 연구용역사업에도 적극 나서 공공도시 의제들을 구체화하는 사업도 동시에 진행할 예정이다.

박 대표는 연구소의 발전을 위해 지역주민들의 관심과 응원을 부탁했다. "4년간의 도의원으로서 지역주민들과 소통하려고 노력했고, 지역정치 생활 정치를 고민해왔다. 지방선거 불출마와 이후 연구소 설립이란 행로는 이런 고민과 노력의 산물이다. 약한 힘이지만 함께 풀어나가겠다. 주민들도 같이 해달라"고 밝혔다.

소명감을 가지고 착실하게 주민들과 같이 가겠다는 박 대표의 새로운 도전이 어떤 성과로 남게 될지 많은 이들의 이목이 쏠리고 있다. 〈박승규 기자〉

[오피니언] 공공성의 터전, 마을만이 살길이다

2015년 03월 02일 / 안양시민신문

도시화와 산업화로 인한 도시 과밀현상, 주택난과 교통난 그리고 낙후된 주거환경 등으로 인한 생활공간 해체로 마을공동체는 붕괴되고, 사회적 지지망은 더욱 악화되고 있다. 최근 전·월세값 폭등으로 서민들은 생존의 벼랑으로 내몰리고 있다.

이는 단순한 주거불안에서 그치는 것이 아니라 잦은 이사로 인한 이웃과의 단절, 사회적 지지망의 붕괴로 이어지고 있다.

안양시만 하더라도 주택 보급율이 95%에 이르고 있음에도 전·월세에 사는 가구가 42%에 이르러 2년에서 3년마다 이삿짐을 싸야 하고, 또 다른 삶터로의 이전은 주거비 증가는 물론 도시민으로서 고립감을 키우고 있다.

한편, 아직도 생소하기만 한 도로명 주소로 인해 그나마 익숙했던 동네 이름마저 잊혀져가고 있다. 또한 층간소음 분쟁, 아파트 관리사무소 비리, 어린이집 아동학대 등의 최근 사회문제의 해소는 주거 공동체문화 회복을 요구하는 시급한 과제이다.

여기에 대형유통업체 및 대기업 프랜차이즈 증가로 골목상권이라 불리는 생활권단위 지역경제 위기가 점차 심화돼 주민 협동에 기반한 지역생활 경제망 구축 필요성도 증가하고 있다. 아울러 베이비부머세대의 대량 은퇴와 고령화 사회로의 진입에 대응한 생산적 복지정책도 절실한 상황이다.

이러한 위기적 상황에 대해 중앙정부와 지방자치단체, 시민사회에서는 마을만들기 사업을 그 대안으로 제기하고 있다. 박근혜 정부의 마을만들기 사업은 국토해양부의 '살기 좋은 도시(마을) 만들기', 행정자치부의 '살기 좋은 지역 만들기', 문화관광부의 '문화마을' 등이 대표적이다.

서울시는 마포 성미산 마을과 같은 모델을 서울 전역으로 확산하기 위해 서울시 마을공동체지원센터를 중심으로 자치구별로 마을네트워크를 형성해 지역적 특성이나 주민들의 욕구에 부합되는 마을만들기를 진행하고 있고 전국 각지에서 벤치마킹하고 있다.

경기도에서도 따복마을(따뜻하고 복된 마을) 6천 개와 1만8천 개 사회적 일자리사업을 추진하고 있다. 안양시도 지난 2013년 9월에 마을만들기 조례가 제정돼 마을 만들기 지원사업에 매년 예산을 투입하고 있다.

하지만 이러한 관 주도의 마을만들기 사업은 토건위주의 제2의 새마을 운동, 예산 따먹는 경쟁의 장으로 전락할 수 있다. 관 주도의 성과주의 사업은 협동이 없는 협동조합, 사회적 가치가 없는 사회적기업, 마을이 없는 마을기업 등의 폐해를 낳을 수 있다. 따라서 마을만들기는 기존의 주거환경 개선이나 지역 재생에 머무르는 것이 아니라 지역주민의 절절한 욕구나 몸으로 체감하고 있는 문제로부터 시작해야 한다.

우리 서민들의 삶은 고달프다. 밥 끼니 걱정부터 일자리에 대한 불안감, 자식에 대한 돌봄이나 교육 걱정, 나이 드신 부모님의 의료비 걱정, 천정부지로 뛰는 집값 걱정 등으로 항상 좌불안석이다.

마을은 이러한 걱정을 해소하는 첫 단초를 제공할 수 있다. 마을은 공공성을 실현하기 위한 장소이다. 공공성의 가치를 실현하기 위해서는 주민참여, 공공복리, 투명성과 소통이 전제돼야 한다.

따라서 마을 만들기는 단순한 공간적 개념을 뛰어 넘어 일자리와 돌봄, 교육, 노후와 주거불안 해소 등 삶의 질을 향상시키기 위한 구체적인 과정과 성과를 전제해야 한다. 공공성의 터전, 마을부터 시작해보자.

[오피니언] 예비군복과 사회적 경제, '도찐개찐'

2015년 6월 1일 / 안양시민신문

모 방송국 개그프로그램 중에 '도찐개찐'이란 코너가 있다. 원래 표준어는 '도긴개긴'인데, 윷놀이 하면서 '도'가 한 칸 가고 '개'는 두 칸 가는데 한 칸이나 두 칸이나 별 차이 없다고 해서 붙여진 이름이란다.

이 개그 코너에서는 전혀 연관도 없어 보이는 두 가지 사물이나 행태를 시청자에게 제시하면서 '도찐개찐'이라 말하고, 그 두 가지의 공통점을 밝히면서 왜 '도찐개찐'인지 이유를 밝힌다. 대체로 웃자고 하는 설정인데, 그래도 재미는 있다.

그렇다면 최근 자본주의 경제의 대안으로 부상되고 있는 사회적 경제와 예비군들이 입는 예비군복을 '도찐개찐'으로 볼 수도 있지 않을까? 아니 도대체 둘 사이에 공통점이 무엇이기에 '도찐개찐'이란 말인가? 나만의 상상이니 오해는 없으시길 바란다.

흔히들 예비군복만 입으면 다들 똑같아진다는 말이 있다. 원래 제복을 입으면 말과 행동에 절도가 있고 점잖아진다는데 왜 유독 예비군복만 입으면 점잖던 사람도 다소 불량기 있는 삐딱한 행동을 하는 것일까?

아마도 예비군복을 입는 순간 일상에서의 해방감과, 다른 예비군복을 입은 사람들과 구별되지 않을 것이라는 일종의 느슨한 '자기검열'을 통해 장난기 넘치는 비행(?) 정도는 스스로 면죄부를 주고 싶은 보상심리가 아닐까?

얼마 전 우리 공공도시연구소가 연구 파트너로 참여하고 있는 안양시의회

'사회적경제 연구모임'의 시의원들과 함께 사회적 경제 기업에 대한 지원이 잘 되고 있다는 서울 성북구의 '마을·사회적경제센터'를 벤치마킹 차 다녀온 적이 있다.

서울시와 성북구의 사회적 경제에 대한 전폭적인 관심과 지원으로 작년에 새롭게 개관한 센터는 들어서는 순간부터 활력이 느껴진다. 성북구의 지리적 환경이나 지역 주민의 니즈를 잘 감안하여 최적의 사회적 경제 생태계를 조성하고, 마을기업이나 사회적기업, 사회적 협동조합 등이 지역 내에서 잘 정착되고 성장할 수 있도록 세심한 지원을 하고자 하는 마음이 엿보인다.

또한 이 곳 센터에는 공모를 거쳐 몇 몇 사회적 경제 기업들도 입주해 있었는데, 그 중에서 열정 있는 작가들이 운영하고 있는 설치예술을 전문으로 하는 사회적기업을 방문해서 이런 저런 이야기를 들을 수 있었다.

처음에는 설치예술을 하는 작가들이 모여서 기존에 하던 일의 연장선상에서 그저 제대로 기업이라는 형태를 갖추고 해보자는 소박한 마음이었단다. 그런데 막상 사회적기업이라는 타이틀을 가지고 운영하다보니 멤버들 스스로가 일종의 '자기검열'이란 것이 생기더란다. 비록 통장에 잔고가 비어가고 공과금 고지서가 쌓여가도 자신이 만든 그 무엇이 누군가를 웃게 해줄 수 있을 거라는 설레임에 모든 현실을 행복하게 받아들이고 잔재주와 타협하지 않으려는 마음이 생기더란다.

그렇다. 사회적 경제가 자본주의 경제를 대체할 수는 없다. 하지만 자본주의 경제가 이룰 수 없는 소중한 가치들이 있다. 바로 자본주의와 물질 만능으로 인해 점점 잊혀져가는 호혜와 상생이라는 소중한 가치의 회복을 통해 공동체를 복원하고 이를 통해 따뜻하고 착한 성장을 추구하는 것이 아닐까.

예비군복을 입은 예비군과 사회적 경제 조직에 몸담고 있는 사람들이 스스로 자기를 규정하고 행동을 통제하고 있는 '자기검열' 도찐개찐.

여러분, 기분 좋은 '자기검열'에 동참할 생각 없으신가요?

솟대에 앉은 새, 대리운전사의 비상을 응원하며

2015년 07월 20일 / 안양시민신문

며칠 전 수원에서 술자리 모임이 있어서 끝나고 집에 오는 길에 대리운전을 부를 일이 있었다. 대리기사님이 얼핏 보기에 50대 초반 정도로 보이는데, 낮에는 중소기업에서 일하다가 퇴근 후에는 대학생 자녀의 학비마련을 위해 저녁 9시면 어김없이 휴대폰을 들고서 거리를 뛰어 다닌단다. 시간가는 줄도 모르고 정신없이 일하다 보면 어느덧 새벽 3시가 넘어서야 귀가한다고 한다. 일명 '투잡'을 하고 있는 것이다.

이런 저런 이야기를 나누다가 대리운전을 하며 겪은 몇 가지 에피소드를 들려주신다. 한 번은 손님을 만나러 갔다가 영문도 모르고 멱살을 심하게 잡히는 폭행과 모욕을 당했는데, 신고 받은 경찰관이 사건처리를 하려 하자 언제 그랬냐는 듯이 술 핑계를 대면서 합의를 종용하는 손님이 불쌍해서 합의서를 써 주기까지 했단다.

그러나 더욱 황당한 것은 그 폭행시비에 대해서 앞뒤 안 따지고 손님 편만 두둔하는 대리운전 본사의 태도에 하도 기가 막히고 억울해서 따졌더니 소위 '락(lock)'이란 것을 걸어놓더란다. 그 분 말에 따르면 '락(lock)'이란 대리기사가 대리운전 오더를 받을 수 없도록 차단하는 것으로써, 대리운전업체 간에 정보를 공유하기 때문에 해당 운전자는 적색자로 분류되어 크게 불이익을 당할 수밖에 없다는 것이다.

이미 언론에서 수차례 보도된 것처럼, 대리운전자들이 처한 근무환경과 수입구조는 너무나도 열악하기 짝이 없다. 또한 대리운전업체의 횡포도 이만저만이 아니다. 대리기사가 직접 가입하면 월 3~4만 원이면 족할 한 달 보험료를 단체보험이란 명목으로 8~12만 원까지 보험료를 대리운전 본사에 납부하는데, 실제 그 만큼의 보험료가 지불되었는지 확인하고자 본사에 보험료 내역을 요구해도 좀처럼 알려주지 않는다고 한다. 보험료 횡령의혹이 가기에 충분한 것이다. 또한 20%에 달하는 높은 운행 수수료, 그리고 대리운전업체 간의 과열경쟁으로 인해 턱 없이 낮은 대리운행요금은 대리기사의 생계마저 위협하고 있다.

이 정도면 수면욕을 이겨내며 밤거리를 뛰어다니는 대리운전자들의 처지는 한마디로 '절규하는 삶'인 것이다.

그 기사님의 경험이 아니더라도 대리운전자들은 온갖 진상(?) 손님들을 대한다고 한다. 그래서 어떤 기사님은 자신의 삶이 비록 밑바닥 삶이라고 해도 감정을 조절하는 법을 배우는 것만으로도 스스로 위안을 삼는다고 너털웃음을 짓는다.

그들은 최명란 시인의 '내 친구는 야간 대리운전사'란 시에 나오는 솟대에 앉은 한 마리의 새인 줄도 모른다.

"늦은 밤 / 야간 대리운전사 내 친구가 손님 전화 오기를 기다리는 모습은 / 꼭 솟대에 앉은 새 같다. / 날아가고 싶은데 날지 못하고 담배를 피우며 서성대다가 휴대폰이 울리면 / 푸드덕 날개를 펼치고 솟대를 떠나 밤의 거리로 재빨리 사라진다…(중략)

새벽 3시에 손님을 데려다주고 택시비가 아까워 하염없이 걷다 보면 영동대교 / 그대로 뛰어내리고 싶은 충동을 참은 적도 있다고 담배에 불을 붙인다. / 어제는 밤늦게까지 문을 닫지 않은 정육점 앞을 지나다가 마치 자기가 / 붉은 형광등 불빛에 알몸이 드러난 고깃덩어리 같았다고 / 새벽거리를 헤매며 쓰레기봉투를 찢는 밤고양이 같았다고 / 남의 운전대를 잡고 물 위를 달리는 소금쟁이 같았다고 길게 연기를 내뿜는다. / 아니야, 넌 우리 마을에 있던 솟대의 새야…(하략)"

분명한 것은 대리기사는 우리들이 폭음을 해 인사불성이 돼 갈피를 못 잡고 허우적거릴 때도 묵묵하게 내 보금자리까지 안전하게 모셔다 주는 고마운 동행자다. 그러므로 행여 그들에게 운전을 방해하는 추태를 부리거나 주사를 부리지 않았으면 좋겠다.

부디 솟대를 떠난 새가 어두운 밤거리가 아닌 밝고 푸른 하늘로 힘차게 비상하기를 응원해본다.

글 모음

공공도시연구소 박용진 대표가
회원들에게 보내는 '공도연의 아침편지' 중에서 선별한 글입니다.

모든 사람의 땀과 열정을 기억하는 세상을 위하여

높고 청명한 가을하늘입니다. 요사이 날씨를 보면 일 년 중에서 더 할 나위 없이 상쾌한 기운을 느낄 수 있을 것 같습니다.

지금 인천에서는 아시안게임이 한창입니다. 기대를 모았던 박태환 선수는 아쉽게 200m에서 동메달을 땄고, 사격의 진종오 선수도 아쉬운 고배를 마시는 시련을 겪고 있네요. 우리 선수들 모두 다시 한 번 힘내라고 응원하고 싶습니다.

그런데 매번 느끼는 일이지만, 세계적인 대회에서 항상 금메달을 딴 선수는 영웅이 되지만, 은메달이나 동메달, 아니면 메달 순위에 오르지 못한 선수는 거의 잊혀지고 맙니다.

모두가 대한민국을 대표하는 선수들로서 이날을 위해서 몇 년 동안 각자가 최선을 다하는 모습을 기억해주고 싶습니다. 메달을 따는 것만이 아니라 대한민국의 승리를 위해서 각자 피나게 노력하신 모든 선수들, 그들은 이미 챔피언입니다.

우리 공공도시연구소도 승자만 기억되는 세상이 아닌 사회 구성원 모두의 땀과 열정을 기억하는, 그리고 그것을 통해 만들어가는 공동체의 승리를 기원합니다.

상쾌한 한 주의 시작, 힘차게 출발하시기를 기원합니다!

2014.09.22.

2인자의 눈물

어제 열린 아시안게임 남자 기계체조 도마 개인결승에서 세계적인 스타인 양학선 선수가 은메달을 땄습니다. 도마를 시작한 이후로 단 한 번도 우승을 놓친 적이 없는 양학선 선수이기에, 처음으로 맛본 2등은 무어라 말로 형언할 수 없는 허탈감이었을 것입니다.

앞서 가장 강력한 라이벌인 북한의 리세광 선수가 실수를 하는 바람에 양학선 선수는 굳이 고난이도의 기술을 보이지 않아도 무난히 금메달이 가능한 상황이었습니다. 하지만 양학선 선수는 자신의 고난이도 기술을 시도했고, 결국 허벅지 통증이 발목을 잡아 완벽한 기술을 선보이지 못한 탓에 금메달을 놓치고 말았다고 합니다. 세계 정상의 자리에 서는 것도 어렵지만, 자신의 자리에 안주하지 않고 부단히 노력하고 도전하는 자세가 더욱 값져 보인 이유입니다.

우리나라 대기업들도 마찬가지라고 생각합니다. 국내 1위의 자리에 만족하지 않고, 부단히 노력하고 세계를 향해 도전하고 뻗어나갈 때 우리나라의 국가 경쟁력이 더욱 높아지지 않을까요? 자신들의 장점을 오히려 중소기업이나 골목상권의 영역에까지 진출하면서 소상공인과 약자를 상대로 하는 사업은 진정한 페어플레이도 아니고 1등이 할 행태는 아니겠지요.

내일이면 주말입니다.

편안하고 원기를 재충전하는 행복한 '불금'되세요^^

2014.09.26.

"신에게는 아직 열두 척의 배가 남아있습니다!"

"신에게는 아직 열두 척의 배가 남아있습니다!"

한국 영화 역사상 전대미문의 기록을 수립한 '명량'에서 이순신 장군의 명대사입니다. 해군을 없애고 육군과 합류하라는 선조의 명에 이순신 장군은 끝까지 결사의 각오로 싸우겠다는 의지를 불태웠고, 마침내 불굴의 의지로 배수진을 친 이순신 장군은 단 12척의 배로 300척이 넘는 왜군의 배를 상대로 싸워 대승을 이끌었습니다.

그런데 얼마 전 출근길에 사무실 문 앞에 놓인 음식점 전단지를 보았습니다.

"신에게는 아직 열두 척의 배가 남아있습니다 - 충무공 이순신!"
"신에게는 아직 네 대의 오토바이가 남아있습니다 - 배달에 골병 난 노병!"

처음에는 광고 문구의 카피가 재미있어 한참을 웃었습니다. 하지만 그 음식점을 방문하고 나니 또 다른 생각이 들었습니다.

요즘 직장인들 점심 한 끼에 보통 6천원에서 7~8천원이 기본입니다. 물가도 많이 올라 자영업자도 힘든 탓에 음식 값이 오른 것은 인정하지만, 직장인들에게는 점심 값이 예년에 비해 많이 부담스러워진 게 사실입니다.

그런데 이 음식점은 아직도 5천원 메뉴가 많았습니다. 그것도 7~8천원 음식에 비해 손색없을 정도로 푸짐하고 맛도 있었습니다. 게다가 이 가격에 배달까지 하는 주인장의 노력은 또 다른 감동을 주고 있습니다.

우리 사무실 인근에는 전통시장이 하나 있습니다. 여러 가지 일로 최근

시장에 자주 들르고 있는데, 이곳에는 3,900원짜리 점심 부페를 하는 곳이 있습니다. 1식 8찬에 음식도 청결하고 맛있어 한 끼 해결하기에는 충분합니다. 아직은 오픈한 지 얼마 안 되어 홍보가 덜 된 탓인지 손님이 북적대지는 않지만, 주인장의 노력과 입소문이 더해지면 주머니가 가벼운 직장인들이 자주 찾아오지 않을까 기대합니다.

5천 원짜리 점심을 파는 노병 사장님과 3,900원짜리 점심 부페를 파는 전통시장 사장님! 경기도 어렵고 물가도 올라 힘들지만, 어려운 주머니 사정을 공감하시는 사장님의 마음과 노력이 더해지셔서 반드시 300척이 넘는 프랜차이즈 음식점과 당당히 싸워 승리하시기를 기원합니다.

2014.09.29.

카카오톡 검열과 사이버 망명

국내에 스마트폰이 처음 출시되었을 때 값비싼 단말기 요금에도 불구하고 단숨에 소비자 층을 사로잡은 매력 중에 하나는 바로 무료 메신저일 것입니다. 일명 '카톡'으로 불리우는 무료 애플리케이션이었죠.

가입자는 기하급수적으로 늘어났고 우리나라에서만 가입자가 3천만 명, 전 세계적으로 1억 명이 넘는다고 하니 '카카오톡' 사용은 거의 일상이 되었습니다.

그런데 얼마 전 대통령의 '도를 넘는 모독' 발언 이후 검찰의 사이버 검열 방침이 알려지면서 1주일 사이에 150만 명 가까이 독일의 텔레그램이라는 무료 메신저 업체로 무더기 '사이버 망명'이 줄을 이었다고 합니다.

해외에 서버가 있고 보안성이 강화된 앱이라는 장점이 사이버 이주를 부추겼다는 분석입니다.

물론 온라인이든 오프라인이든 악의적으로 허위사실을 유포하고 국론분열을 조장하는 것은 심각한 사회문제가 될 수 있습니다.

하지만 방송통신심의위원회나 법원의 판단이 있기도 전에 검찰의 자체 판단만으로 사이버 검열을 통해 해당 글을 감시하고 삭제 등을 요청한다는 것은 헌법이 보장한 표현의 자유를 훼손할 우려가 있습니다.

국민들의 사이버 상의 활동은 이미 하나의 생활이자 문화가 되었습니다. 자신의 생각이나 주장을 인터넷이라는 공간에서 자유롭게 주고받으면서 서로 소통하고, 설령 나와는 다른 주장이라 할지라도 네티즌들은 다양하게 사고하고 현명하게 비판할 능력을 가지고 있다고 생각합니다.

이번 검찰의 사이버 검열방침이 과거 어두웠던 공안시대로 회귀하는 것은 아닌지 걱정이 드는 아침입니다.

2014. 10. 13

"사랑합니다, 호갱님~~!"

대기업 서비스센터나 KT 114같은 업체에 전화를 걸면 상대편 직원으로부터 아주 부드럽고 상냥한 음성이 전해옵니다.

"사랑합니다, 고객님~~, 무엇을 도와드릴까요^^"

그런데 요즘 네티즌 사이에서 '고객님'이란 말이 '호갱님'으로 바뀌어 불리어지고 있습니다. '호갱님'은 호구와 고객의 합성어라 합니다. 국내 대기업 제품에 충성스럽고 선량한 소비자가 오히려 '봉'이라는 뜻으로 희화화시킨 표현인 것 같습니다.

국내에 가장 많은 소비자가 애용하는 S사의 휴대폰은 동종 품질의 외국 휴대폰에 비해서 값이 비쌀 뿐만 아니라, 같은 국산 제품이라도 해외에서 팔리는 것보다 국내에서 더 비싸다고 합니다. 애국심(?)에 불타 외제차보다 국내 H사의 자동차를 더 애용하기도 하는데, 같은 H사 자동차의 수출용 차량은 국내보다 값도 저렴하고 품질도 더 월등하다는 소문도 있습니다.

IMF구제금융 때 국가부도를 모면하고 죽어가는 대기업을 살리기 위해 전 국민이 집안에 있는 금반지까지 긁어모아 위기 극복에 동참하고, 정부는 막대한 국민 혈세를 투입해 대기업을 지원한 기억이 있습니다.

그렇게 살아난 대기업이 이제는 골목상권까지 침투해 힘없는 서민과 영세 자영업자를 상대로 손쉽게 경제영토를 잠식해나가는 아이러니한 상황을 어떻게 보아야 할까요.

정부는 대기업이 잘 되어야 국가 경쟁력도 올라가고 고용도 늘릴 수 있다고 주장합니다. 전혀 틀린 말은 아닙니다. 하지만 대기업의 성과가 국민들에게 골고루 돌아가지 않는다면 그저 일부 재벌 총수들의 배만 불리는 것이 아닐까요.

"사랑합니다, 호갱님~~"이라는 말이 씁쓸하게 귓가에 맴도는 아침입니다.

2014. 10. 14

안전은 비용이 아니라 투자입니다

20년 전 오늘, 그날도 비가 추적추적 내리는 아침이었습니다.

고대 앞 제기동에서 자취를 하고 있던 저는 아침을 먹다가 TV로 전해지는 긴급속보를 보고 제 눈을 의심했습니다.

멀쩡하던 성수대교 상판 일부분이 뚝하니 잘려 떨어져 내린 것이었습니다. 출근하던 직장인, 등교하던 학생들 32명이 목숨을 잃었습니다.

다리 상판 이음새 부실시공과 관리소홀이 사고원인으로 밝혀졌습니다. 관련 공무원과 시공사 관계자들이 무더기로 형을 선고받았습니다. 그리고 다시는 이러한 일이 일어나지 않도록 철저히 점검하겠다고 했습니다.

그러나 20년이 지난 오늘, 대한민국의 안전은 한걸음도 나아가지 못하고 있습니다.

세월호 참사, 판교 공연장 사고…. 일어나서는 안 되는 인재(人災)가 되풀이 되고 있습니다.

안전은 사후조치가 아니라 사전예방입니다. 비용 탓으로 예산 순위에서 뒷전으로 밀리는 순간, 대한민국은 여전히 후진국으로 밀릴 수밖에 없습니다.

2014. 10. 21.

마왕, 끝내 부르지 못한 노래

어제 밤 안타까운 부음이 전해왔습니다. 가수 신해철 씨의 사망소식입니다.

1998년 대학가요제를 통해 데뷔한 신해철은 짙은 사회성을 거침없이 내뱉는 의식 있는 가수로도 유명합니다. 파격적인 음악에 강한 카리스마, 거침없는 독설과 입담으로 '마왕'이라는 별명도 얻었습니다.

한동안 활동이 뜸하다가 지난 6월, 6년 만에 새 앨범을 내놓고 재기를 시작했으나, 이제 그의 노래는 들을 수 없게 되었습니다.

결혼 전 아내의 암투병 소식에 오히려 결혼을 서둘렀던 그, 다음 생에 다시 태어나도 당신의 남편이 되고 싶고 당신의 아들, 엄마, 오빠, 강아지 그 무엇으로도 인연을 이어가고 싶다던 그.

짧지만 강렬하고, 투박하지만 소신을 굽히지 않은 당신의 열정을 기억합니다.

잘 가세요. 마왕…

2014. 10. 28.

'찌라시'와 대통령 각하

'찌라시'는 '뿌리다'라는 뜻을 가진 일본말 '지라스'에서 나온 말이라 합니다. 보통 광고 홍보를 위한 한 장짜리 전단지를 일컫는 말로 일종의 속어입니다.

매일 아침 신문에 끼어들어오는 삽지광고도 찌라시라 하고, 길거리에서 아르바이트하시는 분들이 나누어주는 광고 전단지도 찌라시라 부르죠.

그런데 찌라시라 하면 어째 어감이 썩 좋지는 않습니다. 보통은 눈길 한 번 못 받고 바로 쓰레기통으로, 아니면 길바닥으로 내팽겨 쳐지는 그들의 운명 때문일지도 모르겠습니다. 하지만 그 찌라시를 만든 사람의 입장에서는 무언가 소중히 알리고자 하는 내용들을 담기 위해 문구 하나에서 디자인까지 세밀하게 검토해서 나온 결과물일 수도 있습니다.

어제 박근혜 대통령이 공식석상에서 "찌라시에 나라가 흔들린다"라고 하는 말을 듣고 귀를 의심해보신 분들이 더러 있을 것 같습니다. 일단은 대통령의 입에서 나온 언어치고는 곱지 않고, 더 중요한 것은 온 국민이 관심을 가지고 있는 최근의 청와대 권력개입 수사상황에서 '근거 없는 찌라시'라고 검찰에 가이드라인을 친절히 주신 점이 대단히 우려스럽습니다.

급기야는 5공화국 이후 사라졌던 언어마저 부활했습니다. 공식석상에서 여당 원내대표인 이완구 의원의 입에서 "대통령 각하!"라는 말이 연거푸 세 번 나온 것입니다. 대통령에 대한 권위주의적 인식을 없애고자 '보통사람 노태우' 정권부터는 그냥 "대통령(님)"으로 부르던 호칭이, 27년 만에 차기 유력 총리로 거론되고 있는 여당대표 입에서 나왔다는데 대해 아연실색하지 않을 수 없습니다.

'찌라시'든 '각하'든 그냥 한 번 웃어넘길 수는 있습니다. 하지만 그 찌라시에 담긴 내용의 진위에 대해서는 철저한 규명이 필요합니다. 그것이 국민의 알 권리고, 또한 대통령 각하(?)의 눈을 어지럽히고 국정을 농단하면 그 피해는 고스란히 우리 국민들에게 돌아오기 때문입니다.

2014. 12. 08.

땅콩리턴과 샐러리맨의 비애

참으로 어처구니없는 일이 생겼네요.

10분에 수십 대의 비행기가 뜨고 내리는 뉴욕공항에서 이륙을 위해 활주로로 나온 비행기가 갑자기 후진을 한다? 비행기는 이륙과 착륙 시에 가장 사고가 많이 난다는데, 이 위험천만한 상황에서 영문도 모른 채 400명에 달하는 승객들의 목숨을 건 후진을 한다?

알고 보니 견과류(땅콩) 서비스를 문제 삼아 대한항공의 오너 따님이자 부사장께서, 일반석에 있는 승객들까지 들릴 정도로 고함까지 치시면서 꾸역꾸역 비행기를 돌렸다고 하니… 참으로 어이가 없어 말이 나오지 않습니다.

그런데 이런 철없는 부사장의 행동보다 더 국민들에게 울화통을 치밀게 한 것은, 다름 아닌 대한항공 회사 측의 반응이었습니다. 회사 측은 진심으로 뉘우치는 기색 없이, 땅콩서비스의 잘못에 대한 적절한 직원 훈계였다는 멘트로 슈퍼갑(?) 오너에 대한 충성어린 발언만을 내놓았습니다.

"기내 서비스를 책임지고 있는 부사장의 문제제기 및 지적은 당연한 일"이라는 그날 인터뷰를 한 대한항공 모 직원의 마음을 이해합니다. 집안의 가장으로서 생계를 이어가야 하는 샐러리맨의 비애가 느껴집니다.

언제쯤 이러한 말도 안 되는 사회가 바로잡아질지 모르는 쓸쓸한 아침이네요.

2014. 12. 10.

"당신은 지금 행복하십니까?"

엊그제 현대경제연구원이 발표한 '경제적 행복지수' 조사결과에 따르면, 대학을 졸업한 40대 이혼 남성이 직장이 없을 때 가장 행복지수가 가장 낮은 것으로 나타났습니다. 반면 가장 행복지수가 높은 사람은 대학원을 졸업한 미혼의 20대 전문직 여성으로 조사되었습니다.

이번 조사에서 주목할 만한 점은 그동안 행복지수가 가장 낮았던 50대, 60대 이상의 행복지수는 크게 오른 반면, 40대의 행복지수가 가장 낮게 나왔다는 점입니다. 또한 대졸자의 행복지수가 고졸자의 행복지수보다 낮게 나온 점도 처음이라 합니다. 대졸자와 고졸자의 처우 차이가 과거에 비해 줄어든 반면, 대졸자의 취업난이 갈수록 심화되면서 그 현실이 반영된 것이 아닌가 하는 분석입니다.

일자리 부족을 걱정하는 20대,

주택 문제로 고민하는 30대,

자녀교육 문제로 힘들어하는 40대,

노후준비 부족으로 걱정하는 50~60대의 고민을 어떻게 해결해야 할까요?

20대에서 60대에 이르기까지 경제적으로 안정감을 유지하기 위한 근본적이고 현실적인 대책 마련을 위하여 정부는 고용의 안정성을 높이고 복지의 확대를 위한 재원마련에도 고민해야 할 것으로 보입니다.

하루 종일 바쁜 일상에 전념하시는 오늘, "당신은 지금 행복하십니까?"

2015. 01. 09.

우리가 추구하는 사회

인천의 한 어린이집의 아동폭행으로 인해 온 나라가 시끄럽습니다.

이 일을 계기로 어린이집 CCTV 설치 의무화 및 한번이라도 아동학대가 있는 어린이집과 해당 교사를 영구 퇴출하는 일명 '원스트라이크 아웃제'를 도입해야 한다는 입법 청원도 나옵니다.

그런데 이런 CCTV 설치니 처벌강화니 하는 것들은 이미 10여 년 전부터 꾸준히 나온 이야기였습니다. 하지만 정치권에서 이런 법안을 추진하려면 전국의 수백만 어린이집 관련 종사자분들의 반대와 그분들의 표를 의식하지 않을 수 없고, 결국 입법은 차일피일 미뤄지게 되었습니다.

대안으로 거론되는 국공립 어린이집 확충도 마찬가지입니다. 국공립 어린이집을 확대하려면 막대한 예산이 들어서 시행이 어려울까요? 예산도 문제이지만, 보다 근본적인 이유는 국공립 어린이집 확대로 인해 피해를 보는 민간 어린이집의 반대로 인해 정치권이 쉽게 나서지 못한다는 것이 공공연한 비밀입니다.

어디 이뿐일까요? 대형마트의 무분별한 입점으로 죽어가는 전통시장의 절규 또한 어제 오늘의 일이 아닙니다. 정치권은 소비자의 편리한 쇼핑권도 보장을 해주어야 하며 전통시장도 시대 변화에 걸맞게 노력하여 경쟁력을 갖추라고 말하지만, 이게 진정한 이유일까요?

여야를 막론하고 대기업으로부터 적지 않은 후원을 받는 입장에서, 소비자 편익과 효율성 등을 내세워 밀어붙이는 대기업의 민원을 과감히 뿌리칠

▲ 안양 귀인동의 홈플러스(SSM) 입점저지 결의대회에서

국회의원이 과연 몇이나 있을까요?

　CCTV 확대와 국공립유치원이 어린이집의 문제를 모두 해소할 수는 없습
니다. 보다 근본적인 보육환경 개선과 질 높은 교사양성을 통해 문제를 해결
해 나가야 합니다.

　전통시장의 경쟁력을 높이라고 시설개선자금을 지원해주는 것만이 대
수는 아닙니다. 근본적으로 대·중·소 자영업자의 상생방안을 통해 더불어
공존하는 사회를 만들어야 합니다.

　우리가 추구해나가야 할 사회, 무엇이 진정 중심이 되어야 할까요?

2015. 01. 19.

누구를 위한 조세정책인가 ❁

직장인들 사이엔 매년 1월이 제법 기다려지곤 했습니다. 바로 연말정산 환급 때문이었죠. 그런데 올해 연말정산을 시작해본 직장인들 사이에선 그야말로 비명이 나오고 있습니다. 세금 환급은커녕 오히려 토해내는 세금이 급증한 직장인들이 속출했기 때문입니다.

정부와 여당은 민심이 들끓자 처음엔 일종의 착시현상이라고 했다가, 그다음엔 보완이 필요하다고 했다가, 민심이 잦아들지 않자 오늘에 와서는 출산, 유아, 다자녀 공제를 재도입하고 연금공제 공제율을 상향하여 소급적용하겠다고 백기투항까지 선언합니다.

납세자들이 분노하는 것은 비단 연말정산 하나 때문만은 아닙니다. "왜 툭하면 직장인과 서민들의 지갑만 터느냐"는 불만이 터져 나온 것입니다. 정부가 쓸 돈은 점점 늘어 가는데, 대기업의 법인세 감세는 그대로 놔둔 채 부족한 세수를 메우기 위해 손쉽게 건드릴 수 있는 개인 소득세에 손을 댔기 때문입니다.

올해부터 오른 담뱃값도 결국은 건강을 볼모로 한 서민증세나 다름없습니다. 정부와 여당은 "법인세를 올리면 기업들이 투자를 줄이거나 해외로 빠져나간다"고 법인세 인상에 반대하지만, 결국 대기업들의 사내유보금만 넘쳐나고 투자는 외면하는 결과만 남고 말았습니다.

더욱이 그동안 깎아준 법인세도 절반은 10대 대기업의 몫이고, 중소기업의 전체 조세감면액은 오히려 줄어든 것으로 조사되었다 합니다. (국회 정무위원회 김기준 의원실 자료) 결국 이명박 정부 이후 대기업만 조세감면의 혜택을 받고 중소기업과 중산층, 서민은 호주머니만 털리고 양극화만 심화되는 것이라 보지 않을 수 없습니다.

13월의 세금폭탄, 담뱃값 인상, 재산세 및 유류세 인상, 법인세 감면… 도대체 누구를 위한 조세정책인가요?

2015. 01. 22.

이번엔 지방살림 쥐어짜기?

연초부터 담뱃값 인상에 연말정산, 세금폭탄 등 국민들의 거센 저항으로 홍역을 치르던 정부가 이번엔 힘없는 지방자치단체 재정까지 거덜내려고 한다는 우려가 있습니다.

며칠 전 행정자치부 장관의 주민세, 자동차세 인상 방침에 대해 국민들의 저항이 예상되자 이를 철회하고 불과 하루 만에 나온 대책이라 더욱 아연실색케 하고 있습니다.

정부는 한 술 더 떠 세원발굴이 가능한 모든 수단을 총동원한다는 방침을 발표하고, 올해 안에 200여 개가 넘는 관련법안들을 손질한다는 계획도 발표했습니다. 그야말로 세금전쟁입니다.

저출산 고령화 사회에, 갈수록 늘어나는 복지수요를 충당하기에 나라 곳간이 부족하다는 것은 인정합니다.

이 문제를 해결하는 방법은 딱 두 가지 뿐입니다. 복지를 줄이든가 아니면 세금을 늘리는 방법밖에 없습니다.

박근혜 대통령은 대선 때부터 줄곧 '증세 없는 복지'를 외치고 있습니다. 전문가들조차 증세 없는 복지는 불가능하다는 것을 주장했지만, '지하경제 양성화'나 '세금감면 축소'라는 이상한 논리를 펼치더니 결국은 서민들의 유리지갑을 겨냥합니다.

이명박 정부 때 감면해준 법인세에 대한 원상복귀만 해도 상당한 재원을 확보할 수 있다는 것을 이젠 삼척동자도 다 압니다.

더 이상 서민들과 중소자영업자, 나아가 어려운 지방자치단체를 옥죄어 세금 걷으려하지 말고, 정부는 법인세 인상을 포함하여 전반적인 증세에 대한 입장을 밝혀야 합니다.

2015.01.28.

보석 세공사, 슈틸리케 ✳

다이아몬드의 진정한 가치는 크기나 빛깔보다 얼마나 정교하고 아름답게 세공하느냐에 달려있다고 합니다.

2015 AFC 아시안컵에서 홈팀 호주에 아쉽게 1대2로 패해 55년만의 아시아 정상탈환에 실패했지만, 이번 경기를 통해 우리 축구는 새로운 보석들을 발견했습니다. 그 주인공 중에 단연 골키퍼 김진현과 원톱 이정협 선수가 눈에 띕니다. 그동안 정성룡과 김승규에 가려 빛을 발하지 못한 김진현은 준결승전까지 무실점을 기록해 한국 골키퍼의 차세대 주자로 우뚝 섰습니다.

한편 손흥민, 구자철, 기성용 등 쟁쟁한 해외스타 속에서 토종인 이정협 선수의 기용은 축구 전문가들도 의아해 할 정도였다 합니다. 하지만 숨은 원석들이 '보석 세공사 슈틸리케'를 만나 진귀한 보석으로 다시 태어났습니다. 마치 2002년 월드컵 때 히딩크 감독, 그리고 박지성과 이영표 선수를 보는 듯합니다.

우리나라 기업 지원정책도 마찬가지가 아닐까 싶습니다. 정부가 투자와 고용을 늘린다는 목적으로 대기업 중심의 지원정책을 펼치는 가운데, 장차 훌륭한 보석이 될 참신한 아이디어와 기술력이 있는 중소기업들은 외면당하기 십상입니다.

우리나라는 전체 기업 중 99%를 중소기업이 차지하고, 전체 고용의 88%를 중소기업이 책임지고 있습니다.

슈틸리케의 용병술처럼, 우수한 유망 중소기업을 발굴해내는데 있어 정부의 보다 적극적이고 섬세한 지원이 필요합니다.

2015.02.02.

안전불감증 인재(人災), 언제까지…

을미년 새해 벽두부터 대형사고가 터졌습니다. 그것도 하루에 두 건씩이나. 어제 아침 인천 영종대교 상에서 발생한 106중 추돌사고는 가히 충격적입니다.

10여 미터 앞도 보이지 않은 짙은 안개 속에서 안전속도를 준수하지 않은 운전자 과실도 있을 겁니다. 하지만 영종대교가 지역적 특성상 안개나 해무 등이 자주 발생하는데도 전광판 상의 감속안내 외에는 위험을 알리는 표지판이나 경광등이 전혀 설치되어 있지 않아 사실상 예고된 인재(人災)라는 주장이 나오고 있습니다.

한편, 어제 오후에는 건축 중인 사당종합체육관의 지붕이 무너져 내리면서 10여명에 달하는 인부들이 추락 또는 매몰되는 사고를 겪었습니다. 그런데 이 공사장은 동작구가 지난달 현장 점검에서 하중과다 문제를 지적해 시공사가 한 차례 설계를 변경했고, 사고 당일 오전에도 점검을 나왔지만 사고를 막지 못했다 합니다.

정부는 항상 대형사고가 터질 때마다 사고원인 점검과 후속대책을 마련한다고 부산을 떨곤 합니다. 하지만 시간이 지나면 비슷한 사고가 다시 재발되는 악몽을 반복하고 있습니다.

설마 하는 안전에 대한 불감증, 충분히 막을 수 있는 인재(人災)의 반복, 도대체 언제까지 국민들을 공포와 두려움 속에 내버려두시렵니까?

2015. 02. 12.

고래 싸움에 새우등 터질라

마크 리퍼트 주한 미국대사의 피습사건이 새로운 국면을 전개하고 있습니다. 바로 미국의 고고도 미사일방어망(THAAD, 사드)의 한국 내 배치문제가 다시 불거진 것입니다.

그 동안 한반도를 둘러싼 중국이나 러시아 등의 눈치를 보느라 '사드'의 주한미군 내 배치논의가 이래저래 미루어졌는데 미국 대사의 피습사건이 발생하자 종북세력의 행위로 단정하며 북한의 도발에 맞서기 위해서는 '사드'의 배치가 필요하다'라는 논리인 것 같습니다.

까마귀 날자 배 떨어지는 격입니다. 사드의 한국 내 배치문제는 이미 미국에 이어 글로벌 넘버2로 성장한 중국을 견제하기 위한 미국의 속내라는 것을 아는 사람은 다 알고 있을 것입니다.

사드가 미사일 잡는 미사일이라는 것도 있지만, 탐지거리가 1800km에 달하는 레이더가 중국과 러시아 일부 지역까지 샅샅이 감시가 가능하기 때문에 당연히 한국 내 설치가 논란이 되는 것이겠지요.

그런데 최근엔 중국도 우리나라에게 숙제를 하나 더 내주었습니다. 바로 국제금융에 있어서 미국이 주도하는 IMF에 견줄만한 기능을 탑재한 중국이 주도하는 아시아인프라투자은행(AIIB)에 한국의 가입을 정식 요청했기 때문입니다.

이미 영국은 AIIB에 가입을 했고, 프랑스나 호주도 긍정적으로 검토하는 등 바야흐로 전 세계의 전쟁이 미사일뿐만 아니라 경제·금융까지도 '미국 vs 중국'의 대결구도가 되고 있는 것입니다.

지정학적 위치상 강대국 틈바구니에 낀 우리나라의 고민은 깊어질 수밖에 없습니다. 하지만 이럴 때일수록 강대국들의 눈치를 보며 어물쩍거리지 말고 주권국가로서 군사적, 경제적 실리를 따져서 당당하게 대처해야 합니다. 어영부영하다가는 고래싸움에 새우등만 터지겠습니다.

2015. 03. 17.

'국제시장2', 중동에서 길을 묻다 ✿

오늘자로 1420만이 넘는 관객 수로 대한민국 역대 2위의 흥행기록을 보이고 있는 영화 '국제시장'.

6·25 전쟁 이후 피폐해진 대한민국을 재건하는 과정에서, 가족을 위해 목숨까지 내걸고 힘겹게 살아야만 했던 한 가장의 이야기는 현대를 사는 손자세대들마저 눈물을 적시게 합니다.

그땐 그랬습니다. 우리나라에서는 마땅한 일자리도 부족했고, 게다가 해외에서 일하면 우리나라에서 일한 것보다 훨씬 큰돈을 만질 수 있었기 때문이었습니다.

비록 탄광이 무너져서 매몰되는 위험이나, 베트콩의 총탄에 비명횡사 할지도 모르는 극도의 공포 속에서도 가족이라는 이름, 그리고 가장이라는 단어 앞에서 묵묵히 참아야 했습니다. 지금으로부터 40~50년 전, 먹고 살게 없어 참담하게 가난하던 그 시절에는.

그런데 며칠 전 '국제시장2'를 연상케 하는 박근혜 대통령의 중동발언에 대한민국의 청년들은 아연실색하고 있습니다.

"대한민국 청년들 다 어디 갔냐고 물어보면 다 중동 갔다고 할 정도로, 대한민국이 텅텅 빌 정도로…"

오포시대, 청년실신시대 등 대학을 졸업해도 미래에 대한 꿈과 희망이 보이지 않는 청년들에게 일국의 최고 지도자라고 하는 사람이 "중동에 가서 일해라"라는 말이 어디 할 소리입니까? 말이 좋아 중동 특수지, 지금은 거의 저임금 노가다 수준의 일밖에 없는 현실인데, 40~50년 전 해외로 나가 값진 달러벌이를 통해 대한민국에 힘을 보탰던 그 시절과 지금의 21세기 대한민국의 현실을 몰라도 너무 모르고 하는 소리입니다.

대통령은 국내에서는 청년들 취업이 한계에 달했으니 해외로 눈을 돌리라는 취지로 말했다지만, 천문학적인 사내유보금만 쌓아두고 고용과 투자에 인색한 대기업들은 어찌하실 건가요? 또한 중동에 가면 무슨 일을, 어떤 대우를 받는지 알고나 하는 소리인지요?

현재 교육부에서 시행하는 '세계로 프로젝트', 고용노동부가 시행하는 'K-MOVE' 사업이 청년들의 해외 진출을 돕는 프로그램이라 하지만, 실상은 국내보다 열악한 근로조건에서 접시닦이 등 단순노동만 하고 돌아오는 경험이 대한민국과 청년들의 미래를 위해서 무슨 도움이 되겠습니까?

박근혜 대통령과 정부 여당은 청년들이 진정 분노하고 있는 이유를 귀기울여 들어보시기 바랍니다. 꿈과 희망을 찾아 해외로 가는 것이 아니라, 대한민국을 포기하고 떠나고 싶은 젊은 세대들의 애타는 절규를 말입니다.

중동에서 찍는 '국제시장2'는 지금 대한민국에서 상영하기에는 때늦은 코미디 영화입니다.

2015.03.24.

"서민과 약자의 편에 서겠습니다"

"가진 자, 기득권 세력, 재벌 대기업 편이 아니라 서민과 중산층의 편에 서 겠습니다."

"증세 없는 복지는 허구이며, 가진 자가 세금을 더 많이 내고, 법인세도 성역이 될 수 없습니다."

새정치민주연합의 연설이 아닙니다. 어제 국회에서 있었던 유승민 새누리 당 원내대표의 교섭단체 대표연설문 중 일부입니다.

일단 무언가에 뒤통수를 세게 한방 맞은 기분입니다. 그리고 아픈 기억으로 남는 지난 2012년 대선 당시 상황이 데자뷰로 떠오릅니다.

당시 박근혜 후보는 경제민주화와 복지공약을 들고 나오며 부글부글 끓던 민심을 한방에 잠재우고 대통령에 당선됩니다. 그리고 진보진영의 핵심 의제마저 새누리당에게 선점당한 채 당시 민주당은 정책대결 한 번 제대로 펼쳐보지 못하고 정권탈환에 실패했습니다.

물론 새누리당의 이러한 공약이 공수표였다는 것을 깨닫는 데는 그리 긴 시간이 필요치 않았습니다. 담뱃값 인상, 연말정산 파동 등 각종 서민증세로 고통을 겪는 것만으로도 충분히 체감할 수 있습니다.

그런데, 어제 유승민 원내대표의 연설은 그때보다 더 충격적입니다. 여당 내에서도 야당성향이 강하고, 진보진영의 새로운 의제인 사회적 경제 관련 법을 야당보다도 먼저 의제화시키며 강하게 법안 통과에 드라이브를 걸고 있는 유승민 원내대표가 국회에서 공언한 말이기 때문입니다.

유승민 원내대표의 세월호 인양 필요성에 대한 언급에서는 국회 방청석을 메운 세월호 유가족마저 눈시울을 붉혔습니다.

일단 새누리당 원내대표의 서민과 약자를 위한 정치선언을 진심으로 환영합니다. 또한 여야를 떠나 힘없는 약자의 편에 서서 정치를 하는 것이 정도라고 믿습니다.

하지만 중요한 건 실천입니다. 박근혜 대통령의 경제민주화와 복지공약처럼 헛구호로 폐기처분되지 않고 실제 실행에 옮기는 올바른 정치를 기대합니다.

아울러 몸집만 커진 채로 항상 새누리당의 뒷북만 치는 새정치민주연합에게 따끔한 충고가 되기를 기대해봅니다.

2015.04.09.

리멤버 20140416

먹구름 잔뜩 머금은 하늘이 금세라도 굵은 눈물을 퍼부을 것 같습니다.

다시금 가슴이 먹먹해집니다. 1년 전 그날도 그랬습니다. 퉁퉁 부은 하늘이 원망스럽게도, TV속에는 믿지 못할 광경이 펼쳐지고 있었습니다.

"나와, 애들아 빨리 나와, 제발…"

부들부들 떠는 맨주먹으로 가슴에 피멍이 들도록 쾅쾅 치면서 부르짖지만, TV 속의 하얀 배는 누구 하나 토해내지 못하고 끝내 퍼런 뱃살을 보이고선 사라져 갔습니다.

모두가 숨을 죽였습니다. 모두가 오열했습니다. 그리고 한없는 미안함과 좌절감에 가슴을 쥐어뜯었습니다. 그리고 1년이 지났습니다.

어른들의 탐욕으로, 어른들의 무능으로 일어난 일에 모두들 숙연하게 반성하고 다짐했었습니다. 대한민국은 세월호 이전과 세월호 이후로 나뉠 것이라고 다들 한입처럼 말했습니다. 그런데 1년이 지난 지금, 대한민국은 세월호 이전에 비해 전혀 달라진 게 없습니다. 오히려 세월호 이전만도 못하는 막장 드라마를 보는 듯해서 허탈한 한숨만 배출합니다.

세월호 교통사고 발언은 그 시작에 불과했습니다. 죽음을 무릅쓰고 단식 농성을 이어가는 유가족 옆에서 이른바 통 큰 치킨을 드시는 '폭식농성'은 같은 사람 맞나 하는 의구심까지 갖게 했습니다.

유가족이 대리운전기사 폭행사건에 연루되자 온갖 종편은 먹이를 두고 싸우는 하이에나처럼 물어뜯기에 혈안이 되었습니다.

세월호 진실규명은 원천 차단당하고 이상한 시행령만 남았습니다. 결국 지난 1년 동안 아무 것도 해결되지 않고 유가족만 '세금도둑'이라는 주홍글씨 낙인이 찍혀서 사회 분열세력으로 매도당했습니다. 이게 1년 전 우리가 한입처럼 외쳤던 세월호 이후의 대한민국이란 말입니까.

오늘, 기어이 그 날은 돌아왔습니다. 1년 365일 한 바퀴 크게 돌아 오늘은 다시 돌아왔습니다. 하지만 금요일에 돌아오겠다던 아이들은 돌아오지 못했고, 아직도 차디찬 바다 속에 기다리는 9명이 있습니다.

가슴 아파도, 아픔을 달래고 상처를 치유하려면 잊지 말고 기억해야 합니다. 채 피어나지도 못한 채 떨어진 어린 꽃잎들을 위해서도, 앞으로 건강한 발화를 책임지는 대한민국을 위해서도.

마지막 한 사람까지 다 찾을 때까지, 그리고 마지막 한 점의 진실까지 다 밝힐 때까지, 잊지 않겠습니다. 함께 하겠습니다.

리멤버 20140416

2015.04.16.

역사교과서 국정화를 반대하며 ✿

며칠 전 우리 안양에서 어린 아이가 목숨을 잃은 안타까운 일이 있었습니다. 누구나 쉽게 접근할 수 있도록 방치된 아파트 지하주차장 채광창에서 일어난 사고였습니다.

언론을 보니 몇 단계의 하도급을 거치는 과정에서 부실시공의 혐의가 있다고 합니다. 어른들의 부주의와 부패의 관행이 아까운 어린 생명을 잃게 했다는 점에서 이번 일도 세월호 사건의 재판이라고 생각합니다.

매번 되풀이되는 사고를 통해 우리는 도대체 무슨 교훈을 얻었던 것일까요? 옛말에 소 잃고 외양간 고친다고 했는데 우리는 생때같은 아이들을 잃고도 외양간을 고치기는커녕 같은 실수를 반복해서 저지르고 같은 슬픔을 반복해서 겪고 있습니다.

더 이상 우리 아이들이 희생되지 않기 위해서라도 우리 스스로 변해야겠습니다. 망연자실해 있을 부모님들께 죄송하다는 말씀과 위로를 드립니다.

국정교과서 문제로 온 나라가 들썩거리고 있습니다. 한국사교과서를 정부기관에서 집필한 것 하나만을 사용할 수 있게 고시를 바꾼 데서 비롯되었습니다.

아이들의 사고와 가치관을 형성하는데 중요한 역할을 하는 역사교과서를 교육부장관의 행정고시 정도로 바꿀 수 있다는 사실에 한번 놀랐고, 입만 열면 시장경제의 원리를 중요시한다고 떠드는 사람들이 이 원리를 정면으로 부정하는 태도에 또 한 번 놀랐습니다.

▲ 범계역에서 국정화교과서 반대시위를 하고 있다

　역사적 사실에 대한 해석은 다양할 수 있습니다. 그 중에서 상식에 어긋나거나 사실을 왜곡한 해석들은 소비자인 독자들에 의해 거부되고 시장에서 도태됩니다. 몇 년 전 정부가 채택되길 바랐던 교학사 교과서가 시장에서 거절된 이유입니다.

　그 방법이 통하지 않자 이번에는 다양한 교과서를 선택할 자유를 없애고 정부에서 만든 교과서 하나를 강매하는 방법을 취한 것입니다.

　이 모든 것이 대통령의 이상한 욕심과 무관할까요? 친일과 독재의 부끄러운 과거를 감추고 자기 정파의 권력을 강화하기 위해 역사를 의도적으로 왜곡하고 그릇된 역사관을 아이들에게 교육하려는 자들은 하늘이 무섭지도 않나 봅니다.

훌륭한 지도자는 역사를 바꾸고, 저열한 권력자는 역사책을 바꾼다는 말이 있습니다. 하지만 아무리 역사를 왜곡하려 해도 진실은 가려지지 않을 것입니다.

우리 어른들이 역사에 죄를 짓고, 더 나아가 자라나는 우리 아이들에게 더 이상 부끄러운 일을 해서는 안 될 것입니다.

2015. 10. 16